Christian Eschweiler

Kafkas Dichtung als Kosmos

Der Schlüssel zu
seinem Verständnis

1993

BOUVIER VERLAG · BONN

Die Deutsche Bibliothek - CIP-Einheitsaufnahme

Eschweiler, Christian:
Kafkas Dichtung als Kosmos : der Schlüssel zu seinem
Verständnis / Christian Eschweiler. - Bonn : Bouvier, 1993

ISBN 3-416-02487-7

Alle Rechte vorbehalten. Ohne ausdrückliche Genehmigung des Verlages ist es nicht gestattet, das Werk oder Teile daraus zu vervielfältigen oder auf Datenträger aufzuzeichnen. © Bouvier Verlag Bonn 1993. Printed in Germany. Abb. auf dem Buchumschlag: Hann Trier, erstes Bild des vierteiligen Gemäldes „Le sacre du printemps" (1979). Satz: Computersatz Bonn GmbH, Bonn. Druck und Einband: Druckerei Plump KG, Rheinbreitbach.

„Sich nicht aufgeben! Wenn auch keine Erlösung kommt, so will ich doch jeden Augenblick ihrer würdig sein."

Kafka im Tagebuch am 25. Februar 1912

Inhaltsverzeichnis

I. Dichtung und Deutung
   1. Der Dichter als Künder der Hoffnung 11
   2. Der Interpret als Wegweiser zum Verständnis ... 22
   3. Die dichterische Form als Schlüssel zur Bedeutung 33
   4. Die Deutung als Begleiter der Dichtung 48
      Exkurs: Holzwege der Forschung 60
   5. Die Wissenschaft als Verführung zum Selbstzweck 68
      Exkurs: Akademischer Hohlspiegel 76
      Abkürzungen und Leseanleitung 84

II. Einzelinterpretationen
   1. Ein Bericht für eine Akademie
      Von den Mühen und Möglichkeiten des Menschseins 89
   2. Entlarvung eines Bauernfängers
      Die Wachsamkeit vor den Verführungen des Bösen 108
   3. Zur Frage der Gesetze
      Geistesadel als Wegweiser 116
   4. Ein Landarzt
      Die Todesbereitschaft als Rechtfertigung des sinnvollen Lebens 124
   5. Der Heizer
      Freiheit und Gebundenheit in der alten und in der neuen Welt 141
   6. Forschungen eines Hundes
      Das Bekenntnis des Einzelnen zum Sinngefüge der Schöpfung 184

I. Dichtung und Deutung

1. Der Dichter als Künder der Hoffnung

„Töten Sie mich, sonst sind Sie ein Mörder" (MB 259), sagt Kafka am 3. Juni 1924 noch kurz vor seinem Tod, dessen unmittelbare Nähe ihm voll bewußt war. Der Dichter, der in seinem gesamten Werk im Tod die erstrebte Erfüllung und den Sinn seines Lebens sah, der sich in seinem Tagebuch selbst als „weise" bezeichnet, weil er „jeden Augenblick zu sterben bereit" (T 272) ist, läßt keinen Zweifel an der unbarmherzigen Grausamkeit des irdischen Endes. Während er einerseits „die Menschheitsentwicklung" in ihrer unaufhaltsam fortschreitenden Vergänglichkeit als „ein Wachsen der Sterbenskraft" (H 123) versteht und in der uneingeschränkten Bejahung des Todes auf ein Überleben hofft, vermag er das tatsächliche Sterben nicht zu beschönigen. In zwei Aphorismen schreibt er: „Das Grausame des Todes liegt darin, daß er den wirklichen Schmerz des Endes bringt, aber nicht das Ende." Und: „Das Grausamste des Todes: ein scheinbares Ende verursacht einen wirklichen Schmerz." (H 122)

Dieser wirkliche Schmerz ist es, der Kafka angesichts seines eigenen Todes nach menschlicher Hilfe rufen läßt, der ihn quält und veranlaßt, seinen ärztlichen Freund Robert Klopstock aufzufordern, kein Mörder zu werden, indem er es unterläßt, dem Sterbenden Beistand zu leisten. Kafka will sterben, er will kein heilendes Medikament, kein „Gegenmittel", wie er selbst sagt, gegen den Tod, aber er bittet zugleich um die menschliche Nähe des Freundes: „Gehen Sie nicht fort", sagt er zu Klopstock; und als dieser ihm erwidert: „Ich gehe ja nicht fort", stirbt Kafka mit den Worten: „Aber ich gehe fort." (MB 260) Selbst im Sterben bekennt sich der Dichter noch zur Mit-Menschlichkeit, und wer gegen sie verstößt, wer dem anderen nicht hilft, sterben zu können, ist ein Mörder, denn er hindert ihn daran, sein Ziel zu erreichen. Kafka verwirft den Selbstmord ebenso wie den Mord. Beidem vermag er keinen Sinn abzugewinnen, beide sind in seinen Augen sinnlose Verzweiflungstaten. Dagegen versteht er das Leben als einen Auftrag, der in dem notwendigen Tod seine sinnvolle Erfüllung findet. Für ihn bedeutet sein Leben sterben lernen; und indem er sein irdisches Dasein ganz auf den Tod ausrichtet, strebt er nach dem allerhöchsten Wert des Menschen, nach der Freiheit seines Geistes. „In diesem Widerspruch, immer nur in einem Widerspruch kann ich leben. Aber wohl jeder, denn lebend stirbt man, sterbend lebt man" (H 302); und in sein Tagebuch schreibt er in diesem Sinn, daß der „zu Lebzeiten" Tote „der eigentlich Überlebende" (T 545) ist. Dieser unaufhebbare Widerspruch wurzelt in der Erkenntnis, daß der Mensch als einziges Geschöpf der Erde an zwei einander entgegengesetzten Welten teilhat: an der sterblichen der Natur und der unsterblichen des Geistes. Deshalb ist der Mensch im Weltbild Kafkas dazu bestimmt, leben zu müssen und sterben zu wollen, um überleben zu können.

Am 25. Februar 1912 schreibt Kafka in sein Tagebuch: „Sich nicht aufgeben! Wenn auch keine Erlösung kommt, so will ich doch jeden Augenblick ihrer würdig sein." (T 249) Die denkbare und erhoffte Erlösung zeigt dem Menschen die Leitlinie seines irdischen Verhaltens. Sie richtet sein Handeln auf die Tugenden und Ideale einer besseren, geistigen Welt aus, die seinem menschlichen Streben das Glück der Erfüllung verheißt. Nur der Adel seines Geistes, nur die tätige und verantwortungsbewußte Verwirklichung seiner geistig-seelischen Möglichkeiten läßt den Menschen einer Erlösung würdig werden. Er muß sich deshalb als Persönlichkeit im Sinn seiner Bestimmung und Auszeichnung in allen Entscheidungen und im Unterschied zu allen anderen irdischen Lebewesen rechtfertigen und bewähren. Wenn Kafka seine eigene schöpferische Leistung bei gelungenen Dichtungen als „zeitweilige Befriedigung" erfährt, deutet er damit in die Richtung des ersehnten Glücks, zu dem er sich vollends fähig fühlt, falls er „die Welt ins Reine, Wahre, Unveränderliche heben kann" (T 534). Das uneingeschränkte Bekenntnis zur Welt des Geistes als einem vielleicht utopischen Ziel des Menschen bleibt dennoch die einzig sinnvolle und wegweisende Wertvorstellung, die sein Leben glückhaft erfüllen und im Tod verheißungsvoll vollenden kann.

An der Gewißheit, Klarheit und Eindeutigkeit seines geistigen Zieles läßt Kafka keine Zweifel. Die Schwierigkeiten und Unsicherheiten werden durch den Weg ausgelöst, durch die ebenso erwartungsvollen wie ängstlichen Fragen nach der Aufgabe und dem Sinn des irdischen Lebens, das der Dichter deshalb als „das Zögern vor der Geburt" (T 561) beschreibt. „Es gibt ein Ziel, aber keinen Weg; was wir Weg nennen, ist Zögern."

(H 42) Ein anderer Aphorismus beschwört die Gefahr noch deutlicher: „Der wahre Weg geht über ein Seil, das nicht in der Höhe gespannt ist, sondern knapp über dem Boden. Es scheint mehr bestimmt stolpern zu machen, als begangen zu werden." (H 39) Die Erdnähe und Erdverhaftung gefährden den eigentlichen Weg des Menschen. Sie binden ihn in die natürlichen Bedürfnisse, in die Geschäftigkeiten des vordergründigen Alltags ein, sie lenken ihn vom Wesentlichen ab und lassen ihn seinen geistigen Auftrag vergessen. „Böse ist das, was ablenkt" (H 84), schreibt Kafka und erklärt Janouch die damit verbundene Bedrohung des Menschen: „Der Stamm des Wortes Sinnlichkeit ist Sinn. Das hat seine ganze bestimmte Bedeutung. Der Mensch kann zum Sinn nur durch seine Sinne kommen. Natürlich ist auch dieser Weg mit Gefahren verbunden. Man kann das Mittel über den Zweck setzen. So kommt man zur Sinnlichkeit, die unsere Aufmerksamkeit vom Sinn gerade ablenkt." (J 111) Die sinnlose Sinnlichkeit bedeutet nur noch Selbstzweck und stürzt das dadurch sinnentleerte irdische Dasein in die Bedeutungslosigkeit des Nichts. Die geistige Auszeichnung des Menschen läßt es jedoch nicht zu, sinnlos zu enden. Sie ist die unversiegbare Quelle seiner Hoffnung auf Erlösung. Deshalb will Kafka in jedem Augenblick seines Lebens ihrer würdig sein. Die Würde des Menschen wird dadurch zum alles umfassenden und einzigen sinnvollen Ziel seines irdischen Daseins.

Nicht nur Josef K. im Roman „Der Prozeß", sondern alle Helden in Kafkas Dichtungen lehnen sich dagegen auf, „wie ein Hund" zu sterben. Trotz seiner unaufhebbaren irdischen Vergänglichkeit verbietet dem Menschen seine Erhebung über alle anderen Geschöpfe der Erde, seinen Tod mit dem Verenden eines Tieres gleichzusetzen. Als Josef K. dieser Versuchung an seinem Ende dennoch erliegt, läßt Kafka keinen Zweifel daran, daß der Mensch sich eines solchen Vergleichs zu schämen hat. „Es war, als sollte die Scham ihn überleben" (P 272), lautet der letzte Satz des Romans. Wer die mit diesem offenen Ende erhaltene Hoffnung nicht erkennt, dem bleibt die geistige Welt Kafkas notwendig dunkel und verschlossen. Es gibt überhaupt keine Dichtung Kafkas, die diesen leisen Hoffnungsschimmer nicht enthält. Wer bis zum verborgenen Hintergrund seiner Erzählungen vordringt, wird ihm immer begegnen. Wer jedoch nicht bis zu dieser Tiefe gelangt, kann Kafka nicht gerecht werden. Seine Deutung muß scheitern. Max Brod erinnert sich, daß die leider verschollene erste literarische Arbeit seines Freundes „Himmel in engen Gassen" (MB 77) geheißen hat. Dieser Titel könnte richtungweisend als Überschrift über dem gesamten Werk Kafkas stehen. In der Enge und Begrenztheit seines Daseins, in den zerreißenden Widersprüchlichkeiten seines geistigen Existenzkampfes bleibt er sich immer der entscheidenden und hoffnungsvollen Ausrichtung seines Lebens auf die entgrenzende Weite und das Wesentliche bewußt. Weil er glaubt, er „bestehe aus Literatur" (F 444), und weil für ihn Dichtung „immer nur eine Expedition nach der Wahrheit" (J 99) bedeutet, bekennt er sich zu ihrem metaphysischen Auftrag und zu seiner literarischen Tätigkeit, zu seinem „Schreiben als Form des Gebetes" (H 348). In dieser ehrfurchtsvollen Zwiesprache mit dem Schöpfer findet sich kein Platz für Belanglosigkeiten; „überall" stößt Kafka „auf das Wesentliche", auf „das Bedeutende, das aus dieser Welt der Wahrheit" (MB 65) stammt.

Wem die Bedeutungstiefe von Kafkas Sprachkunst einmal bewußt geworden ist, glaubt seinem engsten Freund, der behauptet, der Dichter habe „nie ... ein unbedeutsames Wort" (MB 85) gesprochen. „Es gab eben für ihn (und für den, mit dem er gerade sprach) keinen Alltag ... Hatte er nichts Wesentliches zu sagen, so schwieg er lieber." (MB 267) In diesen Worten Max Brods spiegelt sich etwas von der ebenso bescheidenen wie stolzen Persönlichkeit Kafkas, der sich seiner menschlichen Würde immer bewußt war und dem deshalb alles Gewöhnliche fremd blieb. Ihm kam es nur darauf an, das irdische Dasein in seiner Endlichkeit und Gefahr zu durchschauen, vor seinen bedrohlichen Verflachungen und Ablenkungen vom Wesentlichen zu warnen, den Weg nicht zum Selbstzweck werden zu lassen, sondern das Leben sinnvoll zu erfüllen und das Ziel zu erreichen, einer Erlösung würdig zu sein. Kafka ist der hellsichtige Wegweiser im Dunkel verirrter und verzweifelter Fragen, er ist der verantwortungsvolle Dichter und behutsame Künder der Hoffnung. Von dieser metaphysischen Sendung heißt es am 10. Februar 1922 im Tagebuch: „Du führst die Massen, großer langer Feldherr, führe die Verzweifelten durch die unter dem Schnee für niemanden sonst auffindbaren Paßstraßen des Gebirges. Und wer gibt dir die Kraft? Wer dir die Klarheit des Blickes gibt." (T 572) Kafkas ungetrübte Klarheit seines alles durchdringenden Blickes und „seine ungeheure Kraft...: diese absolute unumstößliche Notwendigkeit zur Vollkommenheit hin, zur Reinheit und zur Wahrheit" (MB 288), verleihen seiner Kunst ihre außerordentliche Bedeutung. Sie zeigt in der geistigen Ratlosigkeit unserer Zeit den Hilfesuchenden tatsächlich den „Himmel in engen Gassen".

Der Himmel, auf den es dabei ankommt, ist jedoch nicht unmittelbar sichtbar. Die alltäglichen Gegebenheiten des Lebens verstellen ihn wie die Kulissen eines Theaters den Hintergrund der Bühne. Aber wer die Kraft aufbringt, diese vordergründige Erscheinungswelt zu durchbrechen, gelangt auch „in die wirkliche enge dunkle feuchte Gasse ..., die zwar noch immer wegen der Nähe des Theaters Theatergasse heißt, aber wahr ist und alle Tiefen der Wahrheit hat" (H 351). Kafkas Sorge gilt der gedankenlosen Verflachung des Menschen, der im geschäftigen Alltag seinen geistigen Auftrag vergißt und dadurch sein eigentliches Ziel verfehlt. In einem Fragment heißt es beschwörend: „Läufst du immerfort vorwärts, plätscherst weiter in der lauen Luft, die Hände seitwärts wie Flossen, siehst flüchtig im Halbschlaf der Eile alles an, woran du vorüberkommst, wirst du einmal auch den Wagen an dir vorüberrollen lassen. Bleibst du aber fest, läßt mit der Kraft des Blickes die Wurzeln wachsen tief und breit – nichts kann dich beseitigen und es sind doch keine Wurzeln, sondern nur die Kraft deines zielenden Blicks –, dann wirst du auch die unveränderliche dunkle Ferne sehn, aus der nichts kommen kann als eben nur einmal der Wagen, er rollt heran, wird immer größer, wird in dem Augenblick, in dem er bei dir eintrifft, welterfüllend und du versinkst in ihm wie ein Kind in den Polstern eines Reisewagens, der durch Sturm und Nacht fährt." (H 352) Das scheinbar stürmische Leben des von seinem eigenen Auftrag fest überzeugten Menschen ist unbeirrbar auf ein Ziel in unveränderlicher, dunkler Ferne ausgerichtet, das ihm umgekehrt in seinem vorübergehenden Dasein ebenso gewiß eine sinnvolle Einordnung, eine bleibende Geborgenheit und hoffnungsvolle Erfüllung verheißt. Wer seine wirkliche Bestimmung begreift, gelangt auch an ihr Ziel. In diesem Sinn bedeutet Kafkas Dichtung den zielstrebigen „Ansturm gegen die letzte irdische Grenze" (T 553). Seine Kunst ist der verheißungsvolle Gegensatz zu seiner beunruhigenden Befürchtung, daß sein „Leben bisher ein stehendes Marschieren war, eine Entwicklung höchstens in dem Sinn, wie sie ein hohlwerdender, verfallender Zahn durchmacht" (T 560). Das vollendete Kunstwerk als schöpferische Leistung gewährt dem Künstler das richtungweisende „Zufriedenheits- und Glücksgefühl" (T 448) einer sinnvollen Gestaltung, an der die Massen achtlos vorübereilen. Ihnen bleibt das Gesetz eines Sinnganzen verborgen. Sie „hasten, laufen, gehen im Sturmschritt durch die Zeit. Wohin? Von wo kommen sie? Niemand weiß es. Je mehr sie marschieren, um so weniger erreichen sie ein Ziel.

Nutzlos verbrauchen sie ihre Kräfte. Sie denken, daß sie gehen. Dabei stürzen sie — auf der Stelle marschierend — nur ins Leere. Das ist alles." (J 104) Mit seiner Kunst bäumt sich Kafka jedoch erfolgreich gegen diese Leere auf. Es ist deshalb ein ebenso aussichtsloser wie verhängnisvoller Irrtum, mit dem Begriff „stehendes Marschieren" — wie es in der Forschung leider häufig geschieht — seine Dichtung erklären zu wollen; denn er bezeichnet damit nur das Fehlverhalten des Menschen, das er in einem ähnlichen Zusammenhang einmal mit den Worten verurteilt: „Die Leute reden sehr viel und sehr laut, um so wenig wie möglich zu sagen. Es ist ein lärmendes Schweigen." (J 75) Den eigentlichen Hintergrund seiner Kunstwerke bilden dagegen das Bekenntnis des Dichters zum Geheimnis einer sinnerfüllten Schöpfung und seine unerschütterliche Hoffnung, daran teilzuhaben.

2. Der Interpret als Wegweiser zum Verständnis

Zunächst hat es den Anschein, als sei Kafkas berühmter „Brief an den Vater" mit seinen zahlreichen, selbstbiographischen Untersuchungen ein hilfreicher Wegweiser zum erhellenden Verständnis der Dichtung. In Wirklichkeit ist er leider zu einer der Hauptursachen des Mißverständnisses und der Fehldeutungen geworden, obwohl Max Brod sofort vor einer Überbewertung der vordergründigen Tatsachen und einer Verkennung ihrer „tieferen Verklammerung" (MB 23) gewarnt hat. Kafkas Mutter, die 1919 von ihrem damals 36jährigen Sohn mit der Übermittlung des Briefes an den Vater betraut worden war, hat diesen Auftrag schließlich klugerweise zurückgewiesen. Sie hat wahrscheinlich geahnt, daß zwar dem Sohn die Welt des Vaters durchschaubar und begreiflich sein mochte, aber umgekehrt die Welt des Sohnes dem Vater immer unbegreiflich bleiben würde. Weil es jedoch dem Dichter unmöglich war, „sich dem Vater begreiflich zu machen" (MB 23), konnte ihr letztlich unversöhnliches Spannungsverhältnis auch nicht aufgehoben werden, obwohl gleichzeitig an ihrer ebenfalls unverbrüchlichen Verbundenheit kein Zweifel besteht. Von der innigen Anrede „liebster Vater" bis zu dem aufrichtigen Ende, daß der Brief „beide ein wenig beruhigen und Leben und Sterben leichter machen kann", bestimmen trotz aller kritischen Anmerkungen Achtung und Anerkennung die Ausführungen. Kafka bescheinigt seinem Vater uneingeschränkt Güte, ja sogar Weichheit, liebevolle Fürsorge und Treue, Tüchtigkeit, Fleiß und Erfolg, und im Verhältnis zur Mutter bemerkt er ausdrücklich: „Du bist immer liebend und rücksichtsvoll zu ihr gewesen" (H 189). Die Mutter schenkte zwar Liebe und Treue selbstlos zurück, mußte aber häufig die Spannung zwischen Vater und Sohn ausgleichen und aushalten. „Natürlich hätte die Mutter das alles nicht ertragen können, wenn sie nicht aus der Liebe zu uns allen und aus dem Glück dieser Liebe die Kraft zum Ertragen genommen hätte." (H 190) Trotz dieser gemeinsamen Einbindung bleiben die Gegensätze zwischen Vater und Sohn unversöhnlich nebeneinander bestehen, weil sich in ihnen zwei entgegengesetzte Möglichkeiten menschlichen Seins widerspiegeln.

Kafka betont bei seinem Vater die Herkunft vom Lande, die Gesundheit, die Stärke und Lebenskraft, den zupackenden Tatendrang, die Geschäftstüchtigkeit, das häufig harsche, unbeirrbare Urteil über alles sowie eine gewisse selbstherrliche Macht. „Deine Meinung war richtig ... Dabei war Dein Selbstvertrauen so groß, daß Du gar nicht konsequent sein mußtest und doch nicht aufhörtest recht zu haben ... Du bekamst für mich das Rätselhafte, das alle Tyrannen haben, deren Recht auf ihrer Person, nicht auf dem Denken begründet ist." (H 169) Aus der Unzugänglichkeit und Unerschütterlichkeit dieses Gegenübers zog der empfindsame Dichter scheinbar resignierend den Schluß: „Schließlich schwieg ich, zuerst vielleicht aus Trotz, dann, weil ich vor Dir weder denken noch reden konnte." (H 175) Trotzdem bleibt die Welt des Vaters das Hauptthema seines Denkens und Schreibens. „Mein Schreiben handelte von Dir, ich klagte dort ja nur, was ich an Deiner Brust nicht klagen konnte. Es war ein absichtlich in die Länge gezogener Abschied von Dir, nur daß er zwar von Dir erzwungen war, aber in der von mir bestimmten Richtung verlief." (H 203) In diesen unvereinbaren Gegensätzen ist eine entscheidende Grundüberzeugung von Kafkas dichterischem Weltbild umrissen: Der unumgänglichen Notwendigkeit aller irdischen Gegebenheiten verleiht der Dichter durch seine Einsicht die einzig sinnvolle Richtung. Kafka erkennt und durchschaut alle Bereiche des Lebens, in denen die Eigenschaften des Vaters notwendige Voraussetzungen des Erfolgs sind. Da aber sein eigenes Leben von gänzlich anderen Veranlagungen und Wertvorstellungen geprägt ist, kann die Entfremdung nicht vermieden werden. Diese schwierige Auseinandersetzung, für die in der geradlinigen und einfachen Welt des Vaters zwangsläufig kein Platz ist, wird daher ausschließlich vom Sohn geführt und zum wesentlichsten Gegenstand seiner Dichtung. Die einzige Vertraute, die er in dieses Ringen einweiht, ist seine verständnisvolle Lieblingsschwester Ottla. Deshalb erwähnt er seine Gemeinsamkeit mit ihr auch in seinem Brief gegenüber dem Vater: „Du bist allerdings ein Hauptthema unserer Gespräche und unseres Denkens seit jeher, aber wahrhaftig nicht, um etwas gegen Dich auszudenken, sitzen wir beisammen, sondern um mit aller Anstrengung, mit Spaß, mit Ernst, mit Liebe, Trotz, Zorn, Widerwille, Ergebung, Schuldbewußtsein, mit allen Kräften des Kopfes und Herzens diesen schrecklichen Prozeß, der zwischen uns und Dir schwebt, in allen Einzelheiten, von allen Seiten, bei allen Anlässen, von fern und nah gemeinsam durchzusprechen, diesen Prozeß, in dem Du immerfort Richter zu sein behauptest, während Du wenigstens zum größten Teil ... ebenso schwache und verblendete Partei bist wie wir." (H 193)

Die Klarheit, mit der Kafka alle Schwächen seines Vaters durchschaut und bloßstellt, müßte eigentlich schon ausreichen, um dieses von Biographen, Psychologen und Interpreten häufig hünenhaft aufgetürmte, alles erdrückende Schreckbild eines allmächtigen Übervaters zu entzerren und in seiner wirklichen Bedeutung zu erkennen. Zweifellos hat der feinsinnige und empfindsame Dichter in diesem robusten Widerpart den charakteristischen Repräsentanten einer gesunden, lebensfähigen Welt gesehen. Aber gerade darum verfügt dieser auch über den unerschöpflichen, ursprünglichen Reichtum des Lebens, mit dem sich der Künstler auseinandersetzen will. Der Vater verkörpert die Vielfalt und Unmittelbarkeit eines naturhaften Lebens, das für den Sohn ausschließlich von tiefsten „Sorgen der geistigen Existenzbehauptung" (H 204) erfüllt ist. Dieser grundlegende Unterschied ist die Ursache des unaufhebbaren Spannungsfeldes. Während

z. B. der Vater — wie es im Brief heißt — „von religiösen Bedenken ... kaum erschüttert werden" (H 199) kann, glaubt der Sohn, er „verstehe den Sündenfall wie kein Mensch sonst" (M 199); er wird von Angst und Schuldbewußtsein gequält und vertraut dem Tagebuch seine Erlösungssehnsucht an: „Metaphysisches Bedürfnis ist nur Todesbedürfnis." (T 275) Gänzlich dem Leben zugewandt, zählt für den Vater nur die Lebenstüchtigkeit; der Sohn aber hat den „Wunsch nach besinnungsloser Einsamkeit" (T 306), sehnt sich nach dem Alleinsein in der Nacht, in der sich sein „Inneres löst" und bereit ist, „Tieferes hervorzulassen" (T 34). Deshalb bekennt er ebenso offenmütig wie eindeutig: „Der Sinn für die Darstellung meines traumhaften inneren Lebens hat alles andere ins Nebensächliche gerückt und es ist in einer schrecklichen Weise verkümmert und hört nicht auf zu verkümmern. Nichts anderes kann mich jemals zufriedenstellen." (T 420) Kafka weiß, daß seine ständigen Kopfschmerzen, seine Schlaflosigkeit, seine körperlichen Schwächen und Anfälligkeiten der Preis für sein künstlerisches Schaffen sind. Aber er ist auch uneingeschränkt bereit, dieses Opfer zu bringen: „Die ungeheure Welt, die ich im Kopfe habe. Aber wie mich befreien und sie befreien, ohne zu zerreißen. Und tausendmal lieber zerreißen, als sie in mir zurückhalten oder begraben. Dazu bin ich ja hier, das ist mir ganz klar." (T 306) Kafkas Krankheit und sein gespanntes Verhältnis zu seinem Vater sind die Folgen seiner künstlerischen Feinfühligkeit. Sie ist aber zugleich die Quelle seiner schöpferischen Kraft, auf die der Dichter nicht verzichten kann. Kafka war dazu jedenfalls nicht bereit. Für ihn blieb seine Kunst „das Wichtigste auf Erden" (Br 431). Nur von ihr erhoffte er sich „eine himmlische Auflösung und ein wirkliches Lebendigwerden" (T 77).

Kafka entsagt der Welt des Vaters, dem tatkräftigen, strotzenden Leben, dem Geschäft, der erfolgreichen Karriere, der gesellschaftlichen Öffentlichkeit. Er verzichtet auf eine Heirat mit der Begründung: „So wie wir aber sind, ist mir das Heiraten dadurch verschlossen, daß es gerade Dein eigenstes Gebiet ist." (H 217) Ohne jeden Vorwurf gegenüber anderen hält Kafka lediglich an seiner völligen Andersartigkeit fest. Er nennt sie seine Eigentümlichkeit und bekennt sich damit zu seiner persönlichen Einzigartigkeit: „Jeder Mensch ist eigentümlich und kraft seiner Eigentümlichkeit berufen zu wirken, er muß aber an seiner Eigentümlichkeit Geschmack finden." (H 227) Kafka hat an seiner Besonderheit Geschmack gefunden und weicht auch der Bedrohung durch sie nicht aus, wenn er erkennt: „Hervorhebung der Eigentümlichkeit — Verzweiflung." (H 232) Trotz aller kritischen Einschränkungen bejaht er letztlich seinen Vater und selbst die Fehler in dessen Erziehungsmaßnahmen. Er spricht sogar von der „Notwendigkeit der Fehler meiner Erziehung, ich wüßte es nicht anders zu machen" (H 233). In der klaren Erkenntnis des Notwendigen und seiner freiwilligen Bejahung sieht der Dichter eine seiner wesentlichsten Aufgaben.

Die Spannung zwischen den beiden entgegengesetzten Welten des Vaters und des Sohnes bildet im weitesten Sinn den vielschichtigen Gegenstand der Dichtung Kafkas. Zur künstlerischen Gestaltung dieses Welt-Bildes schafft der Dichter seine eindrucksvolle, phantastische Bilder-Welt, deren scheinbar undurchdringliche Geschlossenheit jeden Versuch einer Deutung außerordentlich erschwert. Dem geübten Kafka-Leser wird aber bald die Wiederholung bestimmter Grundeinstellungen ebenso auffallen wie die Verwendung ähnlicher Bilder in miteinander vergleichbaren Zusammenhängen. Immer wieder stoßen entgegengesetzte Bereiche in einem Beziehungsgeflecht aufeinander und erzielen, dem jeweiligen Standpunkt der Betroffenen entsprechend, auch gegensätzliche Ergebnisse. Bei aller scheinbaren, äußeren Offenheit fehlt es aber im Grunde bei Kafka niemals an seiner eindeutigen Stellungnahme. Sie ist allerdings auch niemals unmittelbar zugänglich. Der Dichter beobachtet hellwach, beschreibt genau und unterbreitet in seinem Werk Erfahrungen und Erkenntnisse, die er seinem Leser wie einen Spiegel vorhält. Natürlich versucht er ihm dadurch auch „andere Augen einzusetzen" (J 87), insbesondere aber erwartet er das schöpferische Mitdenken bei allem, was dem Menschen begegnet: „Weichen Sie ihm nicht aus. Im Gegenteil: betrachten Sie es genau. Setzen Sie das aktive Verständnis an Stelle des reaktiven Reizes, und Sie werden über die Dinge hinauswachsen. Der Mensch kann zur Größe nur über die eigene Kleinheit gelangen." (J 116) Diese Empfehlung Kafkas an Janouch ist wegweisend für alle seine Leser und Deuter.

In der unüberschaubaren Fülle und dem phantastischen Reichtum der künstlerischen Bilder des Dichters bedarf es einiger Ausdauer, um allmählich die inneren Zusammenhänge aufzuspüren und zu durchschauen. Aber nur wenn es gelingt, die einzelnen Bilder in ihrer tieferen Bedeutung zu erhellen, ist ein folgerichtiges und nachvollziehbares Lesen der Dichtung Kafkas möglich. Er selbst hat ausdrücklich darauf hingewiesen, daß die künstlerische Form, das dichterische Bild, nur der „Anreiz, das Tor und der Weg zum

Inhalt" (J 92) sei, aber demjenigen, der sich ihm aufgeschlossen und eingehend widme, auch den verborgenen Hintergrund offenbare. „Schreiben hat das Schwergewicht in der Tiefe" (F 412 f.), heißt es einmal in einem Brief Kafkas. Erst in dieser Tiefe öffnet sich der Zugang zu der geistigen Welt des Dichters und enthüllt ein Beziehungsgewebe, in dem alle Einzelheiten ihre Zuordnung zum einheitlichen Ganzen finden. Kafkas Dichtung ist die tiefsinnige Widerspiegelung eines sinnerfüllten Ordnungsgefüges, in dem der Mensch gegenüber allen anderen Lebewesen der Schöpfung durch seine geistige Auszeichnung und persönliche Würde hervorgehoben ist. Damit sind ihm zugleich die Richtschnur und der Maßstab für sein Verhalten gegeben. Jeder muß seinen einzigartigen Auftrag erkennen und ihn, seiner „Eigentümlichkeit" entsprechend, verantwortungsbewußt ausführen. Alles, was ihn davon abzulenken droht, muß er als das Böse abwehren, um einer Erlösung würdig zu bleiben. Im Wagnis dieser ungewissen Hoffnung liegt die wirkliche Freiheit des Menschen als einem Bekenntnis zu seiner Würde.

Selbstverständlich leuchtet Kafkas geistige Welt in seinen Gesprächen, Briefen, Tagebüchern, Fragmenten und Aphorismen ebenso auf wie in seinen Dichtungen. Dennoch muß auf diese Äußerungen des Dichters als hilfreiche Wegweiser zum Verständnis der dichterischen Bilder nachdrücklich hingewiesen werden. Sie lassen den tiefsinnigen Hintergrund der künstlerischen Form ahnen und erleichtern dadurch ihre Entschlüsselung. Nur in der Wechselwirkung von sprachlicher Form und gedanklicher Aussage erschließt sich das Geheimnis dieser Dichtung, nur wer beiden Bereichen seine Aufmerksamkeit widmet, gelangt zu einer schlüssigen Deutung und vermag die tiefgründige Kunst Kafkas sinnvoll zu vermitteln.

3. Die dichterische Form als Schlüssel zur Bedeutung

Alle Bilder in der Dichtung Kafkas sind hintergründige Sinnbilder. Äußere Übereinstimmungen mit der vordergründigen Wirklichkeit sind zwar häufig offenkundig, erhellen aber niemals das Verständnis der geistigen Welt, die sie darstellen. Es ist einfach müßig, zu fragen, an welchen Käfer der Dichter bei der Verwandlung von Gregor Samsa tatsächlich gedacht habe oder in welchem Steinbruch Prags Josef K. hingerichtet worden sei. Indem Gegenstände und Gegebenheiten, Handlungsabläufe und Verhaltensweisen, Tiere und Menschen vom Künstler in sein Kunstwerk aufgenommen werden, verlieren sie ihre herkömmliche Eindeutigkeit und verwandeln sich in eine neue eigenständige, bildliche Wirklichkeit. Sie werden als Bausteine benutzt, umgeformt oder sogar neu gestaltet. Kafkas „Lufthunde" in seiner Erzählung „Forschungen eines Hundes" werden nicht von einer lebenden Hunderasse hergeleitet, sondern sind Erscheinungsformen geistiger Seinsmöglichkeiten, die der Dichter in seiner schöpferischen Phantasie und künstlerischen Gestaltungskraft geschaffen hat. Infolgedessen erscheinen sie auch nur dem geistigen Auge, sind aber im gewöhnlichen Alltag ebensowenig sichtbar wie Josef K. und der Mann vom Lande oder der als ungeheures „Ungeziefer" und „alter Mistkäfer" sogar sehr anschaulich beschriebene Gregor Samsa. Weil Kafka fürchtet, der Illustrator dieser Erzählung „könnte etwa das Insekt selbst zeichnen wollen", beschwört er aus seiner „natürlicherweise besseren Kenntnis der Geschichte heraus" seinen Verleger, das unbedingt zu verhindern. „Das Insekt selbst kann nicht gezeichnet werden. Es kann aber nicht einmal von der Ferne aus gezeigt werden." Deshalb schlägt er vor, es durch den geöffneten Türspalt in einem „ganz finsteren Nebenzimmer" (Br 136) ahnen zu lassen. Das Insekt ist unsichtbar, weil es als Ausdruck für Gregors Bemühen verstanden werden muß, sich „seine geistige Lebensmöglichkeit" zu schaffen. „Daß es den Anschein hat, als arbeite er für seine Ernährung, Kleidung und so weiter, ist nebensächlich, es wird ihm eben mit jedem sichtbaren Bissen auch ein unsichtbarer, mit jedem sichtbaren Kleid auch ein unsichtbares Kleid und so fort gereicht. Das ist jedes Menschen Rechtfertigung." (H 121) Seine geistige Auszeichnung ist die Hauptsache und verlangt von ihm, sein Leben und seinen Tod sinnvoll und verantwortungsbewußt auf sich zu nehmen und dadurch zu rechtfertigen. Beides ist ihm als eine Aufgabe auferlegt, an deren Lösung er gemessen und beurteilt wird.

In einem Brief an Felice warnt Kafka davor, die Figuren in seiner Erzählung „Das Urteil" als wirkliche Personen mißzuverstehen. „Die Geschichte steckt voll Abstraktionen" (F 396), schreibt er und deutet dann das geistige Beziehungsgeflecht an, in das er sie verwoben hat. An einer anderen Stelle nennt er dieses Gewebe die „innere Wahrheit" (F 156), die der Künstler im Kunstwerk aufleuchten lassen kann. Nur sie verleiht dem Ganzen Bedeutung und offenbart seinen Sinn. Auf diesen sinnvollen Hintergrund kommt es aber in der gesamten Dichtung Kafkas an. Er ist der Gehalt seiner Kunst und zielt ausschließlich auf ein menschenwürdiges Leben und Sterben. Um dieses alles entscheidende Ziel zu erreichen, ist der Dichter bereit, „in der Nacht ... zu den dunklen Mächten" hinabzusteigen und die „Entfesselung von Natur aus gebundener Geister" (Br 384) zu wagen, um „die ungeheuere Welt", die er „im Kopfe" (T 306) hat, zu gestalten. Sein Dichten ist ein schöpferisches Zeugen. Im Tagebuch heißt es wie erwähnt: „Der Sinn für die Darstellung meines traumhaften inneren Lebens hat alles andere ins Nebensächliche gerückt... Nichts anderes kann mich jemals zufriedenstellen." (T 420) Kafka stellt in seiner Dichtung die innere Wahrheit des Menschen im Sinngefüge der Schöpfung dar. Dagegen fürchtet er die Sinnlosigkeit, die in der ungestümen Triebhaftigkeit der Natur alles Geistige bedroht: „Sinnlosigkeit der Jugend. Furcht vor der Jugend, Furcht vor der Sinnlosigkeit, vor dem sinnlosen Heraufkommen des unmenschlichen Lebens." (T 351) Kafkas Kunst ist eine Beschwörungsformel gegen diese Gefahr. Wegen ihrer inneren Wahrheit durchbricht er die gewohnte äußere Wirklichkeit, denn für ihn gibt es „nichts anderes als eine geistige Welt; was wir sinnliche Welt nennen, ist das Böse in der geistigen". (H 44) Um diese Botschaft künstlerisch wirkungsvoll verkünden zu können, schafft sich der Dichter seine neuen Darstellungsformen, indem er auf die gewohnten Zwangsläufigkeiten der herkömmlichen Vorstellungswelt verzichtet. Zeit und Raum verlieren daher bei ihm ihre eindeutige Bestimmung, Gegenstände und Bedeutungen werden aufgelöst und neu verwendet. Das ist eigentlich schon das ganze Geheimnis der Formensprache Kafkas, die nun an einigen Beispielen verdeutlicht werden soll.

In der kurzen Erzählung, die Max Brod „Eine alltägliche Verwirrung" (H 74 f.) genannt hat, legt ein Mann viermal dieselbe Wegstrecke zurück. „Zur Vorbesprechung" benötigt er für „den Hin- und Herweg ... je zehn Minuten". Als er aber „zum endgültigen Geschäftsabschluß" aufbricht, braucht er für die Strecke „zehn Stunden". Infolge des Schreckens, der ihn bei seiner Ankunft „in Angst wegen des Geschäftes" plötzlich verwirrt, eilt er dann spontan „geradezu in einem Augenblick" nach Hause. Der scheinbar willkürliche Umgang mit der gesetzmäßig fortschreitenden Zeit hat seine Ursache in dem unterschiedlichen Empfinden des Betroffenen. Seine innere Uhr stimmt mit der äußeren nicht überein und bedeutet etwas anderes. Die innere Zeit hat ihr eigenes Gesetz, sie ist der Spiegel seelisch-geistiger Erregung und offenbart die Betroffenheit durch das Wesentliche. Bei der unverbindlichen und bedeutungslosen Vorbesprechung bleibt gewöhnlicher Alltag. Der Zeitraum ist beim Hin- und Herweg gleich und eindeutig meßbar. Die endgültige Entscheidung beansprucht dagegen den ganzen Tag von „früh morgens" bis spät „abends", und die Angst hebt sogar die Zeit gänzlich auf. Sie taucht den Menschen sprachlos in das ungewisse „Dunkel" der Nacht. Das dichterische Bild der Zeit umfaßt demnach den Aufbruch aus dem Alltag, die schwierige Aufgabe des bewußten Lebens und die leise Hoffnung auf das Zeitlose. Im Schlußbild der Erzählung entgrenzt Kafka mit den Worten „undeutlich ob in großer Ferne oder knapp neben ihm" auch noch den Raum, bevor er den Mann „winselnd im Dunkel" zurückläßt, im ungewissen über seinen Auftrag und verzweifelnd an seiner Erfüllung. „Das ist es eben. Der Mensch kann sich selbst nicht überblicken. Er ist im Dunkel." (J 101) Im Bild einer wechselhaften Dauer der Zeit aber zeigt Kafka die innere Wahrheit der geistigen Welt, die jederzeit eine völlige Verwirrung im lückenlos fortschreitenden Verlauf des Alltags herbeizuführen vermag.

Die Aufhebung der Begrenzung eines herkömmlichen Raumes verschafft im Kunstwerk eine ähnliche Aussagemöglichkeit wie die freie Verwendung der äußerlich feststehenden Zeitdauer. In einem Fragment (H 355 f.) beschreibt Kafka die folgenschwere Verwandlung eines jungen Geschäftsmannes, in dessen allgemein sorgenfreien Alltag plötzlich etwas Außergewöhnliches einbricht, das die abgrenzende und schützende Bedeutung des Raumes aufhebt. Während aber dieses Ereignis das Leben des Betroffenen sofort grundlegend verändert, bleibt seine bisherige Außenwelt davon gänzlich unberührt. Infolgedessen erscheint auch seine Verwandlung von außen unverständlich. Gemessen an den gewohnten Zusammenhängen des Alltags, wirkt sein neues Verhalten „ganz sinnlos". In seinem Inneren jedoch bahnt sich dagegen eine umfassendere neue Erkenntnis an. „Jeder Mensch trägt ein Zimmer in sich" (H 55), schreibt Kafka, und das persönliche Zimmer ist in seiner „Bildersprache immer der dichterische Ausdruck für das innere Wesen eines Menschen" (EP 54). Wenn der junge Geschäftsmann nun aus der Mitte seines Zimmers den Blick auf das Fenster richtet und seine Verwandlung erklärt, drückt er dadurch die innere Erschütterung aus, die ihn in seinem Wesen wachgerüttelt und auf das Wesentliche ausgerichtet hat. Im künstlerischen Bild des unaufhörlich schlagenden Regens, der sich diesmal nicht draußen, sondern drinnen ergießt, werden in dem schutzlos entgrenzten Innenraum alle Dinge „etwas höher" gehoben und erscheinen im Licht einer höheren Bestimmung. Der plötzlich erwachte Geist des Menschen muß sein Leben in der immerwährenden Zerreißprobe seiner Aufgabe begreifen, durch die er sich zu bewähren hat. Wer aber diesen Auftrag einmal erkannt hat, lehnt sich vergeblich dagegen auf. Schuldlos kann er sich ihm nicht mehr entziehen, denn er bleibt ihm wesenhaft verhaftet. „Und ich bin wehrlos, ich setze einen Hut auf, ich spanne den Schirm auf, ich halte ein Brett über den Kopf, nichts hilft, entweder dringt der Regen durch alles durch oder es fängt unter dem Hut, dem Schirm, dem Brett ein neuer Regen mit der gleichen Schlagkraft an." Die Aufhebung der gewohnten räumlichen Begrenzungen ist infolgedessen der dichterische Ausdruck für die unangezweifelte Allgegenwärtigkeit des Geistigen. Dadurch wird das Endliche durchlässig für das Unendliche.

Wie Sichtbares plötzlich zum künstlerischen Ausdrucksträger für Unsichtbares wird, beschreibt Kafka in einem Fragment (H 311 f.), in dem er die unüberwindliche Macht der Eifersucht gestaltet. Gebannt von einer aufregenden Eifersuchtsszene auf der Bühne des Theaters, spürt ein Ehemann das Lockenhaar seiner Frau an seiner Schläfe. Als wäre dadurch ein zündender Funke übergesprungen, zucken die Eheleute zurück, denn in demselben Augenblick verwandelt sich die Brüstung der Loge in einen Nebenbuhler. Mit dem Geständnis, es mache ihn glücklich, die Ellbogen der Frau auf seinem Rücken zu fühlen, beginnt er verführerisch zu locken. Die Übereinstimmung der Namen beider Männer deutet an, daß der Kampf innerlich ausgetragen wird. Der als Schützer aufgerufene Ehemann vermag jedoch den als Verführer auftretenden Widersacher nicht zu bezwingen. Je verzweifelter er sich aufbäumt, umso gewisser wähnt sich sein Gegner bereits als Sieger. Spöttisch sagt er dem ohnmächtig Wütenden die sichere Niederlage voraus. Der ganze Schlußteil der Geschichte wird von nun an durch ebenso unermüdliche wie vergebliche Versuche bestimmt, das wie ein Geschwür aufgebrochene Geschehen wieder rückgängig zu machen. Diese anstrengenden Bemühungen enden allerdings alle mit dem notwendigen Scheitern. Es sei nur nebenbei erwähnt, daß selbst in diesem kurzen anschaulichen Fragment bereits der charakteristische Themenkreis Kafkas aufleuchtet: das plötzliche Aufbrechen von etwas Außergewöhnlichem, der dadurch ausgelöste Kampf zweier entgegengesetzter Welten im Innern des Menschen sowie das notwendige Scheitern im Endlichen. Das Beispiel erhellt jedoch hier hauptsächlich das dichterische Gestaltungsmittel, durch den fließenden Übergang zwischen Wirklichem und Unwirklichem eine geistige Aussage offenbaren zu können.

Bisher wurde gezeigt, wie Kafka zeitliche und räumliche Begrenzungen sowie Gegenstände aufhebt, um sie in bildliche Ausdrucksträger zu verwandeln. Das folgende Beispiel soll veranschaulichen, wie er begriffliche Vorstellungen aufbricht, um sie dann doppeldeutig zu erweitern. In dem kurzen Text „Die Bäume" (E 44) heißt es:

> Denn wir sind wie Baumstämme im Schnee. Scheinbar liegen sie glatt auf, und mit kleinem Anstoß sollte man sie wegschieben können. Nein, das kann man nicht, denn sie sind fest mit dem Boden verbunden. Aber sieh, sogar das ist nur scheinbar.

Kafka verwendet den Vergleich, um sein Menschenbild zu erklären. Der auf dem Schnee aufliegende Baumstamm scheint sich von der Erde gelöst zu haben und frei beweglich zu sein. Das erweist sich jedoch als ebenso richtig wie falsch. Denn die erkannte Freiheit ist gleichzeitig mit einer derartigen Erdenschwere verbunden, daß es den Anschein hat, der in Wirklichkeit nur glatt aufliegende Stamm sei immer noch unlösbar in der Erde verwurzelt. Aber auch diese Gebundenheit ist ebenso scheinbar wie die anfangs angenommene Freiheit. An einer anderen Stelle erklärt Kafka diese Widersprüchlichkeit: „Freiheit und Gebundenheit ist im wesentlichen Sinn eines." (H 113) Der Mensch ist demnach nur im Rahmen der ihm auferlegten Gesetzmäßigkeiten frei. Er kann z. B. die Notwendigkeit seines Todes erkennen und freiwillig annehmen, er besitzt jedoch nicht die Freiheit, seine Sterblichkeit aufzuheben. Nach der Überzeugung Kafkas ist der Mensch sowohl „ein freier und gesicherter Bürger der Erde" als „auch ein freier und gesicherter Bürger des Himmels" (H 46). In beiden Fällen hindert ihn jedoch eine Kette daran, sich einseitig und eindeutig entweder dem einen oder dem anderen Bereich zuzuordnen. Der Mensch ist wie eine Fuge im All; in ihm berühren sich Sichtbares und Unsichtbares, Endliches und Unendliches, Natur und Geist. Es ist die Bestimmung des Menschen, in diesem Widerspruch leben zu müssen. „Das höchste, das er in dem unaufhebbaren Spannungsfeld des Zwischenseins erreichen kann, ist ein Schwebezustand der Harmonie." (EP 25) Die Doppeldeutigkeit der Bildersprache entspricht infolgedessen den zwangsläufigen Widersprüchen des menschlichen Lebens. Kafkas dichterische Gestalten müssen in ihrem Verhalten immer danach beurteilt werden, wie sie die beiden entgegengesetzten Welten aufeinander beziehen und miteinander verbinden. In dem Bewußtsein, in dieser Aufgabe ein sinnvolles Ziel erstreben zu können, wurzelt die beruhigende Hoffnung, die in allen Dichtungen Kafkas aufzuspüren ist.

Der Weg zu diesem Ziel wird durch die dichterische Vorstellung von dem „Wunsch, Indianer zu werden" (E 44), in einem einzigen Satz beispielhaft beschrieben. Der Text beginnt mit der ebenso verlockenden wie unerfüllbaren Sehnsucht nach dem Ziel. Doch dann wechselt die Sprache überraschend, aber fast unmerklich den Modus; der unwirkliche Irrealis geht gleitend in die Wirklichkeitsform über. Der erträumte Wunsch bestimmt von nun an ausschließlich die vorgestellte Wirklichkeit, das Bild wird anschaulich und durchschaubar. Der zitternde Boden läßt den Reiter seine Aufgabe erkennen. Er erzittert selbst und durcheilt „auf dem rennenden Pferd, schief in der Luft" die Zeit und den Raum. In einem Aphorismus rückt Kafka Zittern und Herzklopfen eng aneinander, wenn es darum geht, wirklich zu sein. „Seine Antwort auf die Behauptung, er besitze vielleicht, sei aber nicht, war nur Zittern und Herzklopfen." (H 43) Die mit diesem Zittern ausgedrückte Angst bedeutet für den Dichter „die Bedingung und Voraussetzung dafür, die Stimme des Geistes überhaupt hören zu können". Sie offenbart immer „zugleich auch seine metaphysische Sehnsucht als Ursache und Ziel" (EE 13) des menschlichen Strebens. Indem der Reiter von dieser Angst ergriffen wird, entschließt er sich, allen irdischen Besitz als Ballast zu überwinden und hinter sich zu lassen, um auf dem richtigen Weg weiterzugelangen. Denn für Kafka gibt es ja „nichts anderes als eine geistige Welt" (H 44)! Um an ihr teilzuhaben, muß der Mensch alle irdischen Gegebenheiten als Mittel zum Zweck, als Weg zum Ziel erkennen und aufgeben. Das ist sein zu erfüllender Auftrag. „Das Negative zu tun, ist uns noch auferlegt; das Positive ist uns schon gegeben." (H 42) Sporen und Zügel werden unwesentlich, die Erde ist nur noch eine richtungweisende Ebene, das Pferd hat seinen Dienst als Zubringer und Fahrzeug erfüllt. Das ersehnte Ziel muß daher nahe sein.

Die künstlerische Größe Kafkas besteht nicht zuletzt darin, die nahezu unauslotbare Bedeutungstiefe seiner geistigen Welt in einfache Bilder geformt zu haben. Jede Deutung muß an ihrem Ende zu der Dichtung zurückführen, von der sie ausgegangen ist, um das dichterische Bild jetzt als ein mehrschichtiges Sinnbild erkennen zu lassen. Alle Beobachtungen, Beziehungen, Einsichten und Ahnungen ordnen sich dabei wieder dem Geheimnis des Kunstwerks unter, aber vermitteln nachvollziehbar die Tiefe seiner Bedeutung:

> Wenn man doch ein Indianer wäre, gleich bereit, und auf dem rennenden Pferde, schief in der Luft, immer wieder kurz erzitterte über dem zitternden Boden, bis

man die Sporen ließ, denn es gab keine Sporen, bis man die Zügel wegwarf, denn es gab keine Zügel, und kaum das Land vor sich als glattgemähte Heide sah, schon ohne Pferdehals und Pferdekopf.

Für jeden Interpreten ist es ein beruhigendes Gefühl, wenn seine Deutung in der geistigen Welt des Dichters eine Bestätigung findet, wenn er vergleichbare Aussagen nachweisen kann, die das gedeutete Bild ergänzen. Für den „Wunsch, Indianer zu werden", gibt es eine derartige Entsprechung, die vor allem Kafkas erhofftes Ziel unzweifelhaft erkennen läßt: „Vor dem Betreten des Allerheiligsten mußt du die Schuhe ausziehen, aber nicht nur die Schuhe, sondern alles, Reisekleid und Gepäck, und darunter die Nacktheit und alles, was unter der Nacktheit ist, und alles, was sich unter dieser verbirgt, und dann den Kern und den Kern des Kerns, dann das übrige und dann den Rest und dann noch den Schein des unvergänglichen Feuers. Erst das Feuer selbst wird vom Allerheiligsten aufgesogen und läßt sich von ihm aufsaugen, keines von beiden kann dem widerstehen." (H 104 f.) Nach Kafkas Überzeugung ist das innerste Wesen des Menschen von der unerschütterlichen Hoffnung auf die Erlösung seines Geistes erfüllt. Nur aus dieser Sinnmitte erschließt sich die poetische Welt des Dichters als ein einzigartiger geistiger

Kosmos. Aber erst in der Wechselwirkung von künstlerischer Form und geistiger Bedeutung offenbart sich die Größe seiner Kunst.

4. Die Deutung als Begleiter der Dichtung

Jede Interpretation muß also zum Kunstwerk zurückführen und seine Wirkung bewußter werden lassen. Die durchschauten Sinnbilder und das farbige Beziehungsgeflecht, in dem sie miteinander verwoben sind, aber auch die Vergleiche mit entsprechenden Bildern aus anderen Werken des Dichters, mit Tagebuchaufzeichnungen, Briefstellen und den Gedanken der Aphorismen müssen schließlich wieder in die Geschlossenheit der Erzählung einmünden. Am Schluß einer gelungenen Deutung wird jedes bedeutende Kunstwerk als ein einheitlicher Organismus, als ein in sich geschlossener poetischer Kosmos in einem noch helleren Licht aufleuchten. Alle Teile sind in dem Sinnganzen aufgehoben, Innen und Außen stimmen überein, die äußeren Erscheinungen offenbaren ihre „innere Wahrheit" (F 156). Der erfolgreiche Interpret darf nun auf seiner Ebene das „Zufriedenheits- und Glücksgefühl" (T 448) nacherleben, von dem Kafka bei gelungenen Dichtungen spricht. Josef K. wird es in einem Kunsterlebnis zuteil, bei dem „sich für ihn die bisher verworrenen, labyrinthischen Gänge des Gerichtsgebäudes plötzlich in ein überschaubares, geradezu vertrautes Sinngefüge" (EE 11) verwandeln. „Das Licht, das bisher von hinten eingefallen war, wechselte und strömte plötzlich blendend von vorn. K. sah auf, Titorelli nickte ihm zu und drehte ihn um. Wieder war K. auf dem Korridor des Gerichtsgebäudes, aber alles war ruhiger und einfacher. Es gab keine auffallenden Einzelheiten, K. umfaßte alles mit einem Blick, machte sich von Titorelli los und ging seines Weges." (P 294 f.) In einem Aphorismus beschreibt Kafka die Kunst als „ein von der Wahrheit Geblendet-Sein" (H 46). Wer aber einmal von dem blendenden Lichtstrahl dieser Wahrheit getroffen wird und sich seiner gewohnten Welt wieder zuwendet, sieht sie neu. Er begreift sie von innen und erlebt, wie die verwirrende Vielfalt der Erscheinungen sich in ein einheitlich geordnetes Ganzes, in einen Kosmos aufhebt. Im Kunsterlebnis erfährt der Mensch seine geistigen Möglichkeiten und erkennt seine persönliche

Aufgabe. Dadurch findet er zugleich zu sich selbst und lernt, seinen Weg eigenständig zu gehen. Der Künstler aber hat sich als Freund und wahrer Helfer erwiesen. Die tätige Begegnung mit der Kunst ist ein sicherer Weg zur freien Entfaltung der geistigen Persönlichkeit.

Kafka läßt Josef K. das erhebende Gefühl als ein Auf- und Abschweben erleben, bei dem er erkennt, „daß diese schöne Art der Bewegung seinem bisherigen niedrigen Leben nicht mehr angehören könne" (P 294). Seine Verwandlung bedeutet zweifellos eine Stufe in der Entwicklung zu einem vollkommeneren Menschsein. Der Dichter drückt dieses Ereignis im Bild eines neuen Gewandes aus: „K. trug heute ein neues langes, dunkles Kleid, es war wohltuend warm und schwer. Er wußte, was mit ihm geschehen war, aber er war so glücklich darüber, daß er es sich noch nicht eingestehen wollte." (P 295) Ein solches umfassendes Gefühl wird bei Kafka zwar selten ausführlich beschrieben, bildet aber als erstrebtes Ziel die richtungweisende Grundlage seines gesamten Werkes. Es ist das ernste Glück, das im erkannten Lebenssinn gründet, den ganzen Menschen erfüllt und „das Schwergewicht in der Tiefe" (F 413) hat. Bis zu dieser Tiefe muß der Mensch jedoch vordringen, um „das wahre menschliche Wesen zu ahnen, das nicht anders als geliebt werden kann, vorausgesetzt, daß man ihm ebenbürtig ist" (H 46). Kafka ist überzeugt, daß der unermüdlich tätige Geist durch sein freiwilliges Bekenntnis zum Auftrag des Lebens und zur Notwendigkeit des Todes seine glückhafte Erfüllung und Vollendung findet. Er ist sich dessen so sicher wie bei „einem Naturgesetz" (P 294), denn der Mensch, der seiner wahren Bestimmung gerecht wird, gelangt auch ans Ziel. Der Dichter gestaltet diese Gewißheit wiederum in einem Bild: Weil Robinson „seine ganze Insel zu erforschen und ihrer sich zu freuen begann, erhielt er sich am Leben und wurde in einer allerdings dem Verstand notwendigen Konsequenz schließlich doch gefunden" (B 297). Für die erfolgreiche Erhellung der Kunstwerke Kafkas gilt ein ähnliches Gesetz. Wer unermüdlich den künstlerischen Organismus aufzuspüren und bis zum verborgenen Hintergrund der Dichtung vorzudringen versucht, wird schließlich alle Erscheinungen des Geschehens aus ihrer Sinnmitte heraus aufeinander beziehen und verstehen können. Die gelungene Deutung erfaßt das Kunstwerk als einen überzeugenden sinnerfüllten Kosmos.

Bei einer gescheiterten Deutung zerfällt dagegen der einheitliche Organismus des Ganzen in einzelne Teile, die nicht mehr zueinander passen. Das Ergebnis kann nicht zufriedenstellen, weil kein überzeugendes Sinngefüge entsteht. Kafka gibt auch dafür ein anschauliches Beispiel. Nachdem im Dom-Kapitel des Prozeß-Romans der Geistliche ein kunstvoll belehrendes Gleichnis erzählt hat, beginnt der ungeduldige Josef K. sofort gereizt mit oberflächlichen Deutungsversuchen. Er entdeckt unentwegt Widersprüche, die er nicht miteinander in Einklang zu bringen vermag, aus denen er aber dennoch verwirrende Behauptungen ableitet. Seine scheinbaren Lösungen beruhen jedoch alle auf unhaltbaren Vorurteilen oder voreiligen und einseitigen Schlußfolgerungen. Trotz der Hilfen und Zurechtweisungen durch den „Gefängniskaplan" (P 265), also durch einen Tröster inmitten der Zwänge, bleibt Josef K. uneinsichtig und unbelehrbar. Schließlich muß er sich sogar den Vorwurf gefallen lassen, er habe „nicht genug Achtung vor der Schrift" und entstelle „die Geschichte" (P 258). Das verheerende Ausmaß seiner eigenen Fehldeutungen faßt Josef K. ungewollt in dem vernichtenden Urteil zusammen: „Die Lüge wird zur Weltordnung gemacht." (P 264) Der Irrtum dieser trübseligen Meinung ist aber zweifellos durch ihn selbst verschuldet, durch sein ungeduldiges „vorzeitiges Abbrechen des Methodischen, ein scheinbares Einpfählen der scheinbaren Sache" (H 39). Wäre Josef K. in seinem Bemühen nicht vorzeitig ermüdet, hätte ihm wohl Kafka entgegengehalten: „Setzen Sie das aktive Verständnis an Stelle des reaktiven Reizes, und Sie werden über die Dinge hinauswachsen." (J 116) Im Roman wird jedoch auf eine abschließende Widerlegung der irrigen Ansichten verzichtet. Trotzdem spricht das hinterlassene Trümmerfeld für sich, denn das in sich geschlossene, sinnvoll gestaltete Kunstwerk ist zerstört. „Die einfache Geschichte war unförmlich geworden" (P 264). Die unangemessenen Deutungsversuche sind nicht nur gescheitert, sondern haben auch noch die Zugänge zum verborgenen Hintergrund der Dichtung verschüttet und jede beglückende Einsicht in ihr Sinngefüge verhindert.

Eine gescheiterte Deutung führt zwangsläufig zu Unverständnis und Ratlosigkeit. Obwohl Kafka mit dem Beispiel seiner abschreckenden Fehldeutung der Parabel „Vor dem Gesetz" beschwörend vor dem Chaos einer derartigen Verwirrung gewarnt hat, scheint die Kafka-Forschung davon weitgehend unbeeindruckt geblieben zu sein. Entgegen allen künstlerischen Überzeugungen des Dichters und seinem geradezu ehrfurchtsvollen Ringen um die Wahrheit, die Würde und das Wesen der menschlichen Persönlichkeit lenkt der überwiegende Teil der Forschungsarbeiten immer wieder von dieser Hauptsache und damit vom Wesentlichen ab und widmet sich statt dessen meist bedeutungslosen Einzelheiten oder formalistischen Spielereien und schreckt leider nicht einmal vor Lächerlichem und Unsinnigem zurück. Das moderne Dogma von der „Polyvalenz der Texte" rückt viele Deutungen schon beinahe in den Bereich der Beliebigkeit. Aus diesem unverantwortlichen Wirrwarr wird dann umgekehrt „die Vorstellung von der allgemeinen Sinnlosigkeit und Absurdität in Kafkas Werk" abgeleitet und von akademischen Lehrstühlen selbstgefällig verkündet, damit die künftigen Schulmeister dieses Evangelium des Absurden der Jugend unverantwortlich als Richtschnur des Lebens weiterreichen. Mit Kafka und der tiefgründigen Bedeutung seiner großartigen Dichtung hat das alles aber nur noch wenig zu tun. Am Beispiel des kurzen Stückes „Gibs auf!" (B 115) soll einmal eine sinnbezogene Deutung den Holzwegen gegenübergestellt werden, auf denen die Forschung vergeblich versucht hat, dem dichterischen Text beizukommen. Kafka gestaltet in der kleinen Erzählung die notwendige Abweisung einer sinnlosen Hoffnung.

> Es war sehr früh am Morgen, die Straßen rein und leer, ich ging zum Bahnhof. Als ich eine Turmuhr mit meiner Uhr verglich, sah ich, daß es schon viel später war, als ich geglaubt hatte, ich mußte mich sehr beeilen, der

Schrecken über diese Entdeckung ließ mich im Weg unsicher werden, ich kannte mich in dieser Stadt noch nicht sehr gut aus, glücklicherweise war ein Schutzmann in der Nähe, ich lief zu ihm und fragte ihn atemlos nach dem Weg. Er lächelte und sagte: „Von mir willst du den Weg erfahren?" „Ja", sagte ich, „da ich ihn selbst nicht finden kann." „Gibs auf, gibs auf", sagte er und wandte sich mit einem großen Schwunge ab, so wie Leute, die mit ihrem Lachen allein sein wollen.

Die Frühe und der Morgen sind Ausdruck eines Aufbruchs. Die Reinheit und die Leere der zweckbestimmten Straßen lassen auf den Beginn neuen Lebens hoffen. Der Bahnhof verheißt dem ihm zustrebenden Ich ein mögliches Ziel. Die Klarheit dieser erwartungsvollen Gegebenheiten wird jedoch getrübt, weil die scheinbar unerschütterliche Einheit der Zeit zerfällt. Das erzählende Ich erkennt plötzlich, daß die gesetzmäßig fortschreitende Zeit einer Turmuhr mit seiner persönlichen Uhr nicht mehr übereinstimmt. Außen und Innen geraten in einen Widerspruch. Das Ich glaubt, seine Zeit vertan, etwas versäumt und unterlassen zu haben. „Der Schrecken über diese Entdeckung" wird zur Ursache für eine aufgeregte Verwirrung und eine richtungslose Hast. Ziel und Weg werden unsicher. Die Stadt verliert daher den Anschein vertrauter Geborgenheit und eindeutiger Bestimmung. Dem Ich wird bewußt, sich „noch nicht sehr gut" auszukennen.

In einer Tagebuchaufzeichnung vom 16. Januar 1922, also aus demselben Jahr, in dem auch „Gibs auf!" entstanden ist, beschreibt Kafka das Erlebnis plötzlich unterschiedlich gehender Uhren als einen „Zusammenbruch ... Die Uhren stimmen nicht überein, die innere jagt in einer teuflischen oder dämonischen oder jedenfalls unmenschlichen Art, die äußere geht stockend ihren gewöhnlichen Gang". Gleichzeitig fürchtet er: „Dieses Jagen nimmt die Richtung aus der Menschheit" (T 552) hinaus in die Einsamkeit und droht den Betroffenen zu zerreißen. Als Hauptursache für eine derartige Zerreißprobe nennt Kafka „die Selbstbeobachtung". Sie macht dem Menschen bewußt, daß er an „zwei verschiedenen Welten" teilhat und läßt ihn einen höheren Zusammenhang in seinem Dasein ahnen. Die damit ausgelöste Angst ist für ihn einerseits anziehend, denn sie ermöglicht ihm den „Ansturm gegen die letzte irdische Grenze" (T 553), andererseits aber auch abschreckend, denn sie verweist zugleich auf den unumgänglichen Tod. Der Schrecken über diese Entdeckung scheint dem erzählenden Ich in „Gibs auf!" jedoch einen möglichen Ausweg zu zeigen.

Alle Hoffnung richtet sich auf einen „Schutzmann", der „glücklicherweise ... in der Nähe" ist. Er gewährleistet die äußere Sicherheit und ist der Hüter eines bewährten Ordnungsgefüges. Alle Fragen des Alltags finden bei ihm zwangsläufig ihre verbindliche Antwort. Es liegt daher nahe, ihn auch nach dem Weg zu fragen. Dabei läßt jedoch das Wort „atemlos" bereits etwas von der lebensbedrohenden inneren Not erkennen, die den erschrockenen und tief beunruhigten Frager ängstigt; denn seine Frage zielt im Grunde auf den wahren Weg des Menschen, den Weg, der seiner Bestimmung entspricht und ihm Erfüllung verheißt. Könnte er die wahre Antwort erhalten, würde ihm wie in der Erzählung „Zur Frage der Gesetze" auch hier „aufatmend ... alles klar" (B 92) werden. Aber diese entscheidende Frage kann nicht nach außen gestellt und erst recht nicht von außen beantwortet werden. Die Außenwelt ist die notwendige Gegebenheit, die einfach da ist, aber sich nicht selbst zu erkennen gibt. Nur der einzelne Mensch kann sie als Auftrag durchschauen und als Aufgabe annehmen und lösen. Es ist sinnlos, nach außen Fragen zu stellen und von außen Antworten zu erwarten. „Fragen und Warten sinnlos" (T 480), schreibt Kafka zugespitzt in sein Tagebuch, hält aber nachdrücklich dagegen: „Wer zu sehn versteht, muß nicht fragen" (H 337). In einem Aphorismus widerspiegelt er die schließliche Erkenntnis eines reifer gewordenen Menschen: „Früher begriff ich nicht, warum ich auf meine Frage keine Antwort bekam, heute begreife ich nicht, wie ich glauben konnte, fragen zu können. Aber ich glaubte ja gar nicht, ich fragte nur." (H 43) Es ist ebenso bequem und gedankenlos wie oberflächlich und unsinnig zu behaupten, seinen Weg nicht selbst finden zu können. Denn gerade die selbsterkannte Aufgabe zeichnet den einzelnen Menschen als Persönlichkeit aus und zeigt ihm seinen einzigartigen Weg.

Es ist offensichtlich, daß der Schutzmann maßlos überfordert wird und sich für völlig unzuständig hält, wenn er nach dem wahren Weg gefragt wird. Sein einsichtiges Lächeln und seine erstaunte Gegenfrage lassen daran keinen Zweifel. Aus dieser Gewißheit vermag er aber auch dem Frager entschlossen entgegenzutreten und sein eindeutiges Fehlverhalten zurückzuweisen. Nach seiner ausdrücklichen und durch die Wiederholung verstärkten Aufforderung: „Gibs auf, gibs auf", wendet er „sich mit einem großen Schwunge ab", als sei es ihm peinlich, sein Lachen über einen derartigen Unverstand zu zeigen. Seine eindeutige Abweisung müßte allerdings den Frager aufhorchen lassen und zur Einsicht zwingen. Seine versuchte Flucht in die Außenwelt war kein möglicher Ausweg, sondern ein verhängnisvoller und folgenschwerer Irrtum, der das Ziel niemals erreichen konnte. Der wahre Weg zu diesem Ziel führt dagegen ausschließlich nach innen. Er ist eine persönliche Aufgabe jedes einzelnen Menschen, eine immerwährende Aufgabe, die „genau so groß ist wie unser Leben" (H 99) und die unseren Geist wachhält und tätig sein läßt, damit er nicht den vordergründigen Ablenkungen und dadurch zuletzt dem Nichts verfällt. Kafkas nachdrückliche Forderung im Tagebuch heißt: „Sich nicht aufgeben!" (T 249) Deshalb muß im Gegensatz zu dem von Max Brod gewählten Titel „Gibs auf!" die der hintergründigen Bedeutung entsprechende Beschwörungsformel in Wirklichkeit lauten: Gib niemals auf! Geh den richtigen Weg wach und beharrlich bis zu seinem notwendigen irdischen Ende! Denn „solange du nicht zu steigen aufhörst, hören die Stufen nicht auf, unter deinen steigenden Füßen wachsen sie aufwärts" (B 138). Der wahre Weg wird dem Menschen von dem ihm gegebenen Auftrag angezeigt, sein Leben gemäß seiner geistigen Bestimmung zu gestalten und zu vervollkommnen. Diese Überzeugung von der wegweisenden Bedeutung der geistigen Auszeichnung und Würde des Menschen ist der entscheidende Grundakkord im gesamten dichterischen Werk Franz Kafkas.

Exkurs: Holzwege der Forschung

Es kann nicht geleugnet werden, daß die Deutung der kurzen Erzählung „Gibs auf!" durch eine genaue Kenntnis von Kafkas Gesamtwerk wesentlich erleichtert wird. Die innere Übereinstimmung seiner Gedanken, die er in seinen Tagebüchern, Aphorismen, Fragmenten und Briefen äußert, mit den Bildern seiner Dichtungen bedeutet eine hilfreiche, wechselseitige Erhellung und bildet die Grundlage für ein nachvollziehbares Verstehen. Kafkas dichterische Bilderwelt wurzelt in der geistigen Tiefe ihres Schöpfers und ist von ihr geprägt. Für den Betrachter wird dagegen die künstlerische Form zum Anreiz, den in ihr gestalteten geistigen Hintergrund aufzuspüren und das in ihr verborgene Geheimnis ein wenig zu lüften. Wer jedoch nicht bis zu dieser Sinnmitte vordringt, wird auch die einzelnen Bilder nicht miteinander zu einem Sinngefüge verknüpfen können. Ihm bleiben allenfalls „die Teile in seiner Hand, fehlt leider! nur das geistige Band". Das teuflische Chaos der Kafka-Forschung hat seine Ursache zweifellos in der mephistophelischen Empfehlung des wissenschaftlichen Formalismus und der Sinnleere.

Seitdem die erfolglose Forschung sich selbst überlistete und ihr eigenes Scheitern der Dichtkunst Kafkas anlastete, verschaffte sie sich tatsächlich und im wahrsten Sinn des Wortes maßlose Möglichkeiten. H. Politzer nannte „Gibs auf!" ein „Exempel von Kafkas Erzählweise" und versuchte dann ebenso beispielhaft zu beweisen, daß es unmöglich sei, in der kleinen Erzählung einen verbindlichen Sinn zu finden. Er glaubte, in ihr einen „unlösbaren Widerspruch des Paradoxes" erkannt zu haben, und riet deshalb den Interpreten, die Überschrift auf sich selbst zu beziehen und die Sinnsuche aufzugeben. M. Walser wurde noch grundsätzlicher und erklärte lehrhaft, in Kafkas Dichtung sei im Grunde „der Sinn eigentlich Sinnlosigkeit". Infolgedessen müssen auch alle dem Text abgewonnenen Antworten sinnlos oder wenigstens ein Beweis der Sinnlosigkeit sein. Im Kafka-Handbuch steht daher abschließend das bedrückende Ergebnis: „So wenig wie das Ich der Erzählung eine Antwort auf seine Frage findet, so wenig wird der Leser in Kafkas Parabeln eindeutige Antworten finden." In dieser offensichtlichen Ergebnislosigkeit erkennen diese Interpreten jedoch keineswegs ihr eigenes Versagen, sondern offenbaren dadurch nach ihrer Meinung die Undeutbarkeit als das eigentliche Geheimnis der Dichtung Kafkas. Jede Deutung, die davon ausgeht, daß Sprache auch etwas bedeutet – und das kann doch wohl nicht ernsthaft angezweifelt werden –, muß nun notwendig scheitern. Denn nur „wenn Sprache mit sich allein ist, also dort, wo sie nicht mitteilt", meint D. Hasselblatt, zaubert sie. Möge sie also sinnlos für denjenigen klimpern, der sich damit zufriedengibt!

Damit die Wissenschaft wegen der Sinnlosigkeit und Undeutbarkeit der Dichtung jedoch nicht völlig überflüssig wird, bekennt sie sich wenigstens zum wissenschaftlichen Formalismus und erfreut sich bei der Erzählung „Gibs auf!" an der paradoxen Zirkelstruktur des Textes. In seiner kritischen Einführung in die Forschung beschreibt P. U. Beicken diesen Zirkel: „Die Situation des Erzählenden, zunächst durch Zielbewußtheit und sicheres Selbstvertrauen gekennzeichnet, ändert sich radikal in dem Augenblick, als die plötzlich erkannte Zeitbedrängnis ihn seines Weges unsicher werden läßt. Logischerweise wendet sich der Erzähler an den Schutzmann als Auskunftserteiler. Lage und Handlung stehen in einem rational überprüfbaren Verhältnis, die einzeln erfolgten Schritte sind einleuchtend." So weit, so gut! Doch dann fährt Beicken fort: „Antwort und Geste des Schutzmanns bringen aber den überraschenden Umschlag, denn statt einer Lösung des Konflikts ist die Ausgangssituation des Fragenden wieder erreicht, der paradoxe Zirkel hergestellt. In diesem Paradox, das man vielleicht darin zusammenfassen könnte, daß alle wesentlichen Fragen ebenso wesentlich unbeantwortet bleiben müssen, scheint die Hauptaussage dieses Textes zu liegen ... Der Text erscheint vielmehr als Kommentar jener Situation, in der alle Fragen ihre generelle Unbeantwortbarkeit erweisen ... Aufgrund der paradoxen Zirkelstruktur des Kommentars ‚Gibs auf!' sind wir schlechterdings nicht in der Lage, eine eindeutige Botschaft im Sinne der soziologischen, historischen, metaphysischen, religiösen oder existentiellen Deutung auszumachen. Hier verschließt sich der Text und zieht sich auf die unanfechtbare Position von der Unbeantwortbarkeit aller Fragen zurück." Gegenüber einer derartigen, scheinbar anspruchsvollen, formalistischen Null-Lösung mutet jene einfältige Deutung beinahe ergebnisreich an, die in dem Schutzmann, der keine Antwort zu geben vermag, Kafkas Klage „über die Unfähigkeit der alt-österreichischen Polizei und Bürokratie" entdeckt. Aber trotz aller wortreichen Erklärungen und tönenden Bezeichnungen sollte der denkende Leser die bedeutungslosen, leeren Worthülsen derartiger Deuter als kaum verschleierte Offenbarungseide letztlich ratloser Kafka-Forscher durchschauen; denn sie erschließen nicht den Zugang zu der Kunst Kafkas, sondern verschütten ihn.

Was ist andererseits erreicht, wenn die biographische und psychologische Deutung in dem Schutzmann der kleinen Erzählung wieder einmal „die hünenhaft aufgereckte Traumfigur des Vaters" erkennt, die „dem Sohn den Weg in jenes normale Leben" versperrt und ihm dadurch „Zweifel an seiner eigenen Männlichkeit" aufzwingt? Oder wenn die sogenannte religiöse den Schutzmann als „Sendling einer spirituellen Sphäre" versteht, die „weder Auskunft noch Schutz bieten kann"? Die moderne Germanistik tritt jedoch derartigen Fehldeutungen nun nicht etwa entgegen, sondern erklärt sie zum Bestandteil der grenzenlosen Bedeutungsfülle des Kafka-Textes, der wegen seiner Vielschichtigkeit einfach nicht mehr angemessen und eindeutig, statt dessen aber unendlich deutbar ist. Um das zu bestätigen, wird die vollkommen abgerundete und geschlossene kleine Erzählung künstlich zur „offenen Form" erklärt und Kafka scheinbar ehrerbietig, aber völlig unbegründet, zu deren „Meister" ernannt.

Während die Forschung vor der geistigen Tiefe der Dichtung Kafkas leider nur selten wirkliche Ehrfurcht kennt und sogar gröbste Mißverständnisse und geradezu törichte Fehldeutungen wegen der angeblichen Vielschichtigkeit der Texte stillschweigend hinnimmt, verneigt sie sich seit dem Erscheinen der neuen kritischen Ausgabe statt dessen wenigstens vor den Rechtschreibe- und Zeichensetzungsschwächen des Dichters. Max Brods Glättungen und Korrekturen in den Veröffentlichungen sind mit großem wissenschaftlichem Aufwand wieder rückgängig gemacht worden. Seither gibt sich eine ganze Zunft der Lächerlichkeit preis, indem sie Kafkas Flüchtigkeitsfehler und kleine Irrtümer scheinbar ehrfürchtig nachahmt. Wer zeigen will, daß ihm der neueste Stand der Kafka-Forschung vertraut ist, muß vorsätzlich fehlerhaft „Proceß" schreiben! Aber glaubt er auch wirklich, daß ihm die falsche Schreibweise das Verständnis erleichtere oder die richtige von „Gib's auf!" es erschwere? Es ist einfach peinlich, wenn vermeintlich wissenschaftliche Arbeiten derartige Mätzchen als ernsthaftes Ergebnis vorweisen. Max Brod hat in seiner Biographie auf Kafkas „Verzweiflung über die Ungewißheit von Interpunktionsregeln, orthographischen Details" (MB 153) sowie die Akribie, mit der er „an den von ihm selbst herausgegebenen Büchern gefeilt" (MB 300) hat, freimütig hingewiesen. Wer wäre berechtigter, offenkundige Flüchtigkeitsfehler Kafkas zu berichten, als dieser sachkundige und bereitwillige Helfer, der immerhin den Vorzug beanspruchen darf, über zwanzig Jahre lang dem Dichter in diesen Dingen beratend zur Seite gestanden zu haben und sein engster Vertrauter gewesen zu sein? Nicht die Rettung des Nachlasses bedeutet das eigentliche Verdienst Max Brods – das ist Theaterdonner, den er zwar selbst entfacht, aber auch nie wirklich ernst genommen hat –, sondern sein aufgeschlossenes und sicheres Gefühl für die Größe und Bedeutung der Dichtkunst seines Freundes, die er als erster erkannt und immer wieder angepriesen hat.

Max Brod hat allerdings auch als erster begriffen: „Der Weltruhm ... hat nicht gerade dazu geführt, daß man Kafka versteht" (MB 298). Es wäre allmählich wieder angebracht, etwas aufmerksamer auf diesen vertrauenswürdigen Kenner zu hören, den seine durch eine langjährige Freundschaft begründete Achtung gegenüber der außerordentlichen Persönlichkeit des Dichters vor peinlichen Mißverständnissen bewahrt. Dasselbe gilt für Milena, selbst wenn sie in ihrer vorbehaltlosen Verehrung vielleicht ein wenig schwärmerisch verkündet: „Seine Bücher sind erstaunlich. Er selbst ist viel erstaunlicher ... Das, was man auf Franks Nicht-Normalität schiebt, gerade das ist sein Vorzug ... Ich glaube eher, daß wir alle, die ganze Welt und alle Menschen krank sind und er der einzige Gesunde und richtig Auffassende und richtig Fühlende und der einzige reine Mensch ... Er weiß von der Welt zehntausendmal mehr als alle Menschen der Welt ... Und dabei gibt es auf der ganzen Welt keinen zweiten Menschen, der seine ungeheure Kraft hätte: diese absolute unumstößliche Notwendigkeit zur Vollkommenheit hin, zur Reinheit und zur Wahrheit." (MB 282−288) Wie verständnis- und würdelos nimmt es sich gegenüber solchen Worten aus, wenn Kafka heute für alles Perverse, Ungeheuerliche und Unsinnige mißbraucht wird! Max Brods Befürchtung, daß der verborgene Hintergrund der Dichtung Kafkas „einigen, die so viele Worte über ihn und seine Kunst machen, ganz unzugänglich ist" (MB 310), scheint die Betroffenen zwar wenig zu bekümmern, sollte aber wenigstens von allen anderen als eine nachdrückliche Warnung vor derart falschen Propheten verstanden werden.

5. Die Wissenschaft als Verführung zum Selbstzweck

Natürlich ist es möglich, Kafkas Dichtungen einfach nur zu lesen, sich von ihrem phantastischen Bilderreichtum bezaubern oder erschrecken zu lassen, ohne bis zu ihrem verborgenen Hintergrund oder gar bis zu ihrer Sinnmitte vordringen zu wollen. Aber kann ein derart flacher Weg zu einem Dichter führen, der von sich selbst sagt: „Ich glaube, man sollte überhaupt nur solche Bücher lesen, die einen beißen und stechen. Wenn das Buch, das wir lesen, uns nicht mit einem Faustschlag auf den Schädel weckt, wozu lesen wir dann das Buch?" Kafka selbst ist überzeugt, daß wir nur die Bücher brauchen, die uns wachrütteln, die uns zur Besinnung bringen „wie ein Unglück, das uns sehr schmerzt, . . . ein Buch muß die Axt sein für das gefrorene Meer in uns" (Br 27 f.). Jedes gute Buch fordert demnach seinen Leser zur Auseinandersetzung heraus. Es ist die Aufgabe der Deutung, ihm dabei behilflich zu sein, und die Pflicht der Wissenschaft, der Wahrheit so nahe wie möglich zu kommen. Daß sich viele Forscher dieser Verantwortung bewußt sind, soll nicht geleugnet werden, weitaus größer ist jedoch die Zahl derer, die sich bei ihrer Arbeit im Wesenlosen verlieren. Ihnen bedeutet der Weg häufig bereits das Ziel. Nietzsche hat diese Gefahr offenbar ebenso vergeblich erkannt wie beklagt: „Nicht der Sieg der Wissenschaft ist das, was unser 19. Jahrhundert auszeichnet, sondern der Sieg der wissenschaftlichen Methode über die Wissenschaft." Die Kafka-Forschung ist in ihrer Entwicklung auf diesem Weg allmählich in ein hoffnungsloses Chaos geraten.

Es gibt keine wissenschaftliche Methode, die nicht bei der Dichtung Kafkas versucht worden wäre. In seiner kritischen Einführung in die Kafka-Forschung verweist P. U. Beicken neben der literar-ästhetischen Interpretationsmethode noch auf die religiöse, philosophische, psychologische, soziologische, kulturkritische und marxistische, und Dagmar Fischer empfiehlt darüber hinaus noch die Hilfe „der hermetischen, gnostischen, theosophischen, kabbalistischen und freimaurerischen Tradition". Doch trotz dieses bemerkenswerten Aufwandes stürzen die erzielten Ergebnisse Kafkas Dichtung nur immer tiefer in ein undurchdringliches Dunkel. Der Leser, der von der phantasievollen Bilderwelt des Dichters begeistert ist und die Wissenschaft erwartungsvoll um erhellende Hilfe bittet, fühlt sich zwar von der unzugänglichen Sphärenmusik scheinbar großer Geister umnebelt, wird aber in jeder Hinsicht meistens maßlos enttäuscht. In seiner Rat- und Hilflosigkeit wird ihm tröstend versichert, die Wissenschaft habe zuverlässig erkannt, daß ein nachvollziehbares Verstehen der Dichtung Kafkas nicht nur unmöglich sei, sondern vom Dichter selbst geradezu bewußt verhindert werde.

Nur vor diesem Hintergrund ist der Mut zu erklären, eine „Kritische Ausgabe" der Werke Kafkas herauszugeben, bei der auf jegliches Verständnis der inneren Zusammenhänge und der tieferen Bedeutung der Dichtung verzichtet werden konnte. Während mit unglaublicher Sorgfalt jedes durchgestrichene Wort, ja jeder Buchstabe wieder lesbar gemacht, jeder Rechtschreibe- oder Zeichensetzungsfehler neu entdeckt und wiederhergestellt wird, gesteht der Herausgeber gleichzeitig mit entwaffnender Einfalt, zu einer sinnvollen Kapitelfolge im Prozeß-Roman, also zu der Entwicklung und inneren Ordnung des Handlungsverlaufs, nichts, geschweige denn etwas Verbindliches sagen zu können. Natürlich versäumt er es nicht, die Schuld an dieser Ratlosigkeit dem Dichter zuzuschieben, der selbst nicht recht gewußt habe, wo er die einzelnen Teile im Organismus seines Kunstwerkes anbringen sollte. Im Nachwort wird daher scheinbar mit Recht vermutet, „daß Kafka die Einordnung solcher Kapitel ... noch nicht genau festgelegt" habe. Statt dessen unterstellt man ihm eine Deckblatt-Einschlagblatt-Methode, mit der er nach dem Willen der Herausgeber wenigstens abgeschlossene und unvollendete Kapitel gekennzeichnet haben soll. Demnach wurden von ihm die vollendeten Kapitel „mit einem Deckblatt versehen", die unvollendeten „in ein Einschlagblatt gelegt". Aber Kafka hat von diesem grundlegenden Unterschied offenbar nichts gewußt oder ihn nicht mit dem notwendigen wissenschaftlichen Ernst genau beachtet. Denn in der neuen Ausgabe des Romans wird der Zusatz nach dem achten Kapitel, durch den Max Brod ausdrücklich darauf hinweist: „Dieses Kapitel wurde nicht vollendet" (P 236), einfach unterschlagen, um das offensichtlich nicht beendete Kapitel unbekümmert unter den vollendeten belassen zu können. Mit derselben Unbekümmertheit wird dagegen das offensichtlich vollendete vierte Kapitel aus dem

Handlungsgeschehen herausgelöst und völlig willkürlich zu den Fragmenten in den Anhang verbannt. Ganz im Sinne Nietzsches besiegt auch hier die wissenschaftliche Methode, die nicht mehr nach dem Sinn und den inneren Zusammenhängen fragt, die Wissenschaft. In den Worten Kafkas könnte man sogar spötteln: „Die Logik ist zwar unerschütterlich", aber einem Germanisten mit einer wissenschaftlichen Methode „widersteht sie nicht" (P 272). Obwohl man einerseits froh sein muß, endlich einen zuverlässigen Text zu haben, bleibt andererseits das Bemühen um sein Verständnis leider noch immer notwendiger denn je.

Es ist selbstverständlich, daß am Anfang einer wissenschaftlichen Tätigkeit die Auseinandersetzung mit den bereits erzielten Ergebnissen der Forschung stehen muß. Es ist jedoch nicht notwendig, jeden augenscheinlichen Irrtum auch umfassend zu widerlegen. Die umfangreichen Polemiken entgegengesetzter Schulen haben in der Kafka-Forschung häufig dazu geführt, daß die Dichtung selbst zur Nebensache wurde. Der Streit der Gelehrten und das Wissen darum droht jedoch in der gegenwärtigen Wissenschaft wichtiger zu werden als neue Erkenntnisse. Die äußere Aufmachung einer wissenschaftlichen Arbeit müßte eigentlich schon aufhorchen lassen: Ganze Fußnotenkolonnen beanspruchen auf jeder Seite meistens mehr Platz als die Ausführungen des Autors und bedeuten eine ständige Ablenkung von dessen eigenem Gedankenfluß. Aber diese oft belanglose Verzettelung in die Breite beweist heute offenbar Gelehrsamkeit. Sie wird im Anhang der Arbeit mit einem Literaturverzeichnis gekrönt, das dem Gelehrten statt Glaubwürdigkeit eher den Glauben an eine mehrfache Wiedergeburt bescheinigt, wenn er die angeführten Bücher wirklich noch alle lesen will. Mit Hilfe von Computern wird sich diese Fehlentwicklung künftig noch weiter aufblähen lassen. Wer diese Verwirrung für notwendig hält, muß Josef K. recht geben, der nach seinen gescheiterten Deutungsversuchen völlig verunsichert meint: „Die Lüge wird zur Weltordnung gemacht." (P 264) Aber statt lückenloser Vollständigkeit im Nebensächlichen, statt scheinbar anspruchsvoller wissenschaftlicher Wortkaskaden sollte das Wesentliche im Mittelpunkt aller Betrachtung bleiben. Wer in der Dichtung Kafkas nicht bis zu ihrer Sinnmitte vordringt, soll einfach ehrlicherweise besser schweigen als in wortreichen und nebelhaften Abhandlungen sein Scheitern zu verschleiern oder gar noch als aufschlußreiches Ergebnis anzupreisen.

Kafka erstrebt in seiner Kunst das Glück der

Wahrheit. Um ihr begegnen zu können, muß im Kunstwerk das Sinngefüge aufleuchten. Auf diese Erhellung hinzuwirken, ist die Aufgabe des Interpreten. Ihre Lösung beschert ihm allerdings auch sein Glück. Je mehr jedoch in einer Dichtung erklärt und sinnvoll aufeinander bezogen werden kann, umso angemessener und gelungener dürfte eine Deutung sein. Wer das Kunstwerk als Kosmos begreift — und bei Kafkas Dichtungen gibt es daran nicht den geringsten Zweifel —, der wird nicht annehmen, die Kapitelfolge im Roman „Der Prozeß" könne wie in einem Kartenspiel beliebig gemischt werden. Das jetzige vierte Kapitel ist in seiner Bedeutung für den Handlungsverlauf ebenso eindeutig zu erkennen wie mit der entsprechend zwingenden Notwendigkeit in die Kapitelfolge einzuordnen. Die wissenschaftliche Behauptung der beliebigen Austauschbarkeit der Teile ist ein verhängnisvoller Irrtum. Kafka hat seinen Roman wie die Steine eines Mosaiks hinterlassen. Wer sie richtig zusammenfügt, erhält ein großartiges farbiges Gemälde, in dem zwar einige Stellen leer bleiben, weil das Werk als Fragment überliefert wurde. Aber alles Vorhandene, ob im einzelnen vollendet oder unvollendet, hat seinen eindeutigen und unverwechselbaren Platz im Gesamtorganismus. Wenn sich die Wissenschaft jedoch noch immer mit dem bunten Durcheinander zufriedengibt, spricht das zwar einerseits für die in sich geschlossene Großartigkeit der Teile, offenbart aber andererseits, daß diese weder in ihrer Bedeutung noch als Glieder eines Ganzen erkannt worden sind. Das richtig zusammengesetzte farbige Bild überzeugt dagegen durch sich selbst und widerlegt zwangsläufig alle Irrtümer. Eine Polemik gegen sie wird überflüssig, es sei denn, man vergnügt sich auch an ihr als Selbstzweck.

Exkurs: Akademischer Hohlspiegel

In den Aufzeichnungen „Er" aus dem Jahr 1920 schreibt Kafka: „Der Mensch sieht, selbst wenn er unfehlbar wäre, im anderen nur jenen Teil, für den seine Blickkraft und Blickart reicht." (B 297) Bei einem glückhaften Verständnis zwischen zwei Menschen muß also eine Art Wechselwirkung vorhanden sein, eine Entsprechung oder Ebenbürtigkeit gegenüber dem anderen. Nietzsche schränkt allerdings diese Hoffnung auf eine Verständigung noch stärker ein und sagt bissig: „Man hört nur die Fragen, auf welche man imstande ist, eine Antwort zu finden." Insofern sind Deutungen immer zugleich ein Spiegelbild der unterschiedlichen Möglichkeiten ihrer Verfasser. Das gilt für alle Deuter, also sowohl für die mehr oder weniger erfolgreichen als auch für die mehr oder weniger gescheiterten. Obwohl es im Grunde ergiebiger ist, immer wieder im Werk Kafkas zu lesen und um das Verständnis zu ringen, wird jeder in seiner Not sich auch einmal an die Wissenschaft um Hilfe wenden, nach den Meinungen der Experten fragen, um sich mit ihnen auseinanderzusetzen. Leider wird er dabei häufig erfahren, wie manche Gelehrte aus ihrer Not auch nur eine Tugend zu machen verstehen. Die folgenden Zitate stammen alle aus der Feder anerkannter Kafka-Kenner. Doch wer sich mit ihnen anzulegen gedenkt, soll wenigstens in einer verschwindend kleinen Auswahl einmal ahnen lernen, welche vermeintlichen Erkenntnisse ihm begegnen werden. Aber auch in einer anderen Hinsicht darf er sich keiner törichten Hoffnung hingeben: Es ist wesentlich einfacher und erfolgversprechender, einem Kind die ganze Welt zu erschließen, als einen verirrten Experten von seinem Holzweg abzubringen.

Das Unglück fängt mit einer Doktorarbeit an, in der behauptet wird, bei Kafka sei „der Sinn eigentlich die Sinnlosigkeit". Nach diesem bereits verhängnisvollen und folgenschweren Ergebnis glaubt ein anderer Germanist sogar, dem dichterischen Wort jegliche mitteilbare Bedeutung aberkennen zu müssen: „Wenn Sprache mit sich allein ist, also dort, wo sie nicht mitteilt, streift sie ihre semantischen Valenzen ab und beraumt an, beschwört, holt herbei, spielt." Da dieses selbstgefällige formalistische Spiel auf keinen Sinn zielt, versteigt sich ein dritter Experte zu dem von der Wissenschaft als kafkaesk nachempfundenen Unsinn: „Antworten bei Kafka findet nur, wer keine Fragen hat." Um derartige scheinbaren Erkenntnisse z. B. dem um Verständnis bemühten Prozeß-Leser in einer beeindruckenden Fachsprache zu vermitteln, erhält dieser nach einer Einführung in verschiedene Interpretationsmöglichkeiten den wissenschaftlich vollmundigen Hinweis: „Die Vielfalt, Apodiktik und wechselseitige Isolierung der genannten Interpretationsthesen ergeben sich aus der spezifischen Rezeptionsstruktur des Romans, die einerseits durch wortsemantische Präzision, syntaktische Logik und strenge Beobachtung grammatischer Normen jenes kategoriale, kausale, vernunftorientierte Bewußtsein fördert, das gleichzeitig der Erzählverlauf in Frage stellt." Der Leser wird es hiernach dankbar als eine Erleichterung empfinden, sich wieder der einfachen Bilderwelt Kafkas zuwenden zu dürfen. Aber Vorsicht! Jetzt wird er nämlich nach der Meinung eines weiteren Experten vom Dichter selbst zurückgestoßen, denn „das a priori überlegene Reflexionsniveau der ästhetischen Existenz, das jede Mitteilung in einer hermetischen Sprache, einem Chiffrensystem der Selbstverständigung, verschließt", will keine neugierigen Leser. Dichtungen sind nämlich „verschlüsselte Klopfzeichen eines Verschütteten, der nicht gefunden werden will." Aber derart blumige Verweigerungen sind eben keine Ermutigung zur Begegnung und Auseinandersetzung mit dem Kunstwerk.

Für Kafkas kleines Textstück „Die Bäume" bieten gleich zwei Experten ihre wissenschaftliche Hilfe an. Für den einen „ist das Werk primär eine sprachliche Übung, eine fast mathematische Konstruktion, die kein Geheimnis enthält". Der andere „dagegen sieht gerade dieses Sprachliche als die für Menschen geschlossene Tür zur Wahrheit. Das Gleichnis evoziert eine Wahrheit, die gleichsam in einem vorsprachlichen Zustand besteht, aber vor der Sprache selbst zurückweicht. Mit dem Gleichnis will der Mensch diese Wahrheit einfangen; aber das Gleichnis verlangt Kommentar, und durch den Kommentar entfernt sich der Mensch noch mehr von der ursprünglichen Wahrheit. Um seine Verlegenheit auszusprechen, bildet er ein neues Gleichnis, das aber nur aus einer sprachlichen Verdoppelung des ersten Gleichnisses besteht. In diesem Kreis bewegt sich der Mensch, mit einem Verlangen nach Wahrheit, das alle Kategorien untergräbt – und dafür die Täuschungen der sprachlichen Form anbietet."

Zum Glück versteigen sich nicht alle Wissenschaftler in diese Bereiche wortreicher und verwirrender Vernebelungen. Es ist jedoch nicht weniger abwegig, wenn statt dessen immer wieder versucht wird, die Sprachkunst Kafkas mit einem einzigen Begriff zu kennzeichnen, wie es augenblicklich mit den Modeworten Polysemie und Äquivokation geschieht. Eine geradezu abgründige Gefahrenquelle des Mißverständnisses beginnt allerdings inzwischen in den befreiten Ländern Osteuropas zu sprudeln. Hier wird der Prager Dichter bereits als „Mitverschwörer wider den totalitären Staat" beansprucht und als „Patron und Werkzeug des intellektuellen Widerstandes" gefeiert. „Kafka, der Überlebende, als Führer zum Überleben!" So verständlich diese irrigen Annahmen der bisher politisch Unterdrückten auch sein mögen, so wenig haben derartige Schlagworte mit der Wahrheit der Kunst Kafkas zu tun.

Ein letzter Seitenhieb soll den Biographen gelten. Natürlich hungerten sie den endlich unzensierten Tagebüchern entgegen und lechzten nach den neuen Enthüllungen über die Bordellbesuche und die Sexualität des Dichters. Die inzwischen ausgewertete und veröffentlichte wissenschaftliche Erkenntnis ist verblüffend: „Kafka hat nicht nur für uns gelitten, er hat sich auch für uns amüsiert." Das letzte Wort dieses Hohlspiegels gebührt jedoch dem kenntnisreichsten aller Kafka-Biographen. In einem für ihn typischen Streit setzt er sich wissenschaftlich mit dem Irrtum eines anderen Experten auseinander. Es geht um eine Frage der Garderobe. Im Prozeß-Roman heißt es an einer Stelle: „An der Klinke des offenen Fensters hing eine weiße Bluse." (P 19) Nun kann nachgewiesen werden, daß sich Kafka für das Kleid interessiert hat, das Grete Bloch bei seiner Verlobung tragen würde. Aber der wissenschaftlichen Schlußfolgerung, „es ist nicht ausgeschlossen, daß dieses Kleid sich in die weiße Bluse verwandelt hat, die in Frl. Bürstners Zimmer hing", muß entschieden widersprochen werden. Denn „in Wirklichkeit weist das Motiv auf die Tatsache zurück, daß Felice beim ersten Zusammentreffen mit Kafka tatsächlich eine weiße Bluse trug, die Kafka, der überhaupt an derartigen Kleidungsstücken auffälliges Interesse hatte, in genauer Erinnerung behielt. Felice, die sonderbar aufgeputzte Blusen liebte, trug eine sogenannte speed-level Bluse, die, aus dem angelsächsischen Bereich kommend, damals in Mitteleuropa Mode war: Sie war stark plissiert, vorne knopflos, wurde über dem Rock getragen und lief unten in einen Spitzenbesatz aus. Da Kafka sich stark mit diesem Kleidungsstück beschäftigte — er wollte nicht, daß Felice diese Bluse verschenkte —, hat die Annahme einiges für sich, daß er nach dem ersten Zusammentreffen mit der späteren Braut das Schicksal der Bluse in Gedanken weiterverfolgte, wie es seine Art war. Er mochte sich vorstellen, sie sei zum Lüften und Aushängen über einem Bügel ausgebreitet worden."

„Das Schicksal der Bluse" und die aufwendigen Abschweifungen biographischer Forscher sollen nicht weiter verfolgt werden! Dennoch ist es nicht der eigentliche Zweck dieses Hohlspiegels, die namhaften Autoren der Zitate lächerlich zu machen. Sie bleiben deshalb auch ungenannt. Es mußte aber einmal darauf hingewiesen werden, zu welchen Verrenkungen eine Geisteswissenschaft bereit ist, wenn es ihr nicht gelingt, eine Aufgabe zu lösen. Die Schwierigkeiten sollen dabei nicht übersehen werden. In seiner Erzählung „Forschungen eines Hundes" hat Kafka in seinem feinsinnigen Humor die Möglichkeiten und Grenzen der Wissenschaft selbst einmal aufgezeigt und vor allem in ihren Ergebnissen auf das Wesentliche ausgerichtet. Dabei hofft er, daß sich wenigstens einige Verantwortungsbewußte noch etwas „Unbefangenheit gegenüber der Wissenschaft" bewahren, — „und deren sind freilich wenige, denn die Kreise, welche die Wissenschaft zieht, werden immer größer" (B 272) — um den Blick im Gegensatz zur Wissenschaft nach oben zu erheben und fähig zu bleiben, Haupt- und Nebensache voneinander zu unterscheiden. Die unüberschaubare Fülle der nicht mehr zählbaren Kafka-Arbeiten könnte jedenfalls auf ein erträgliches Maß zurückgestutzt werden, wenn dabei die Frage als Maßstab diente: Wie hilfreich und wesentlich ist das Ergebnis für das Verständnis der Dichtung? An der Größe und Bedeutung der Kunst Kafkas gibt es keine Zweifel. Max Brod nennt sicher eine der Hauptursachen für die Wirkung und den Erfolg seines Freundes: „Hatte er nichts Wesentliches zu sagen, so schwieg er lieber." (MB 267) Vielleicht verdiente dieses Verhalten des großen Dichters eine Nachahmung durch seine wissenschaftlichen Bewunderer.

Abkürzungen

Die im Text verwendeten Abkürzungen beziehen sich auf: Franz Kafka: Gesammelte Werke, hrsg. von Max Brod. Frankfurt a. M. 1946 ff.

A	—	Amerika (1953)
B	—	Beschreibung eines Kampfes (1954)
Br	—	Briefe 1902–1924 (1958)
E	—	Erzählungen (1946)
F	—	Briefe an Felice (1967)
H	—	Hochzeitsvorbereitungen auf dem Lande (1953)
M	—	Briefe an Milena (1952)
P	—	Der Prozeß (1953)
T	—	Tagebücher 1910–1923 (1954)

ferner auf:

EE	—	Christian Eschweiler: Kafkas Erzählungen und ihr verborgener Hintergrund. Bonn und Berlin 1991.
EP	—	Christian Eschweiler: Der verborgene Hintergrund in Kafkas „Der Prozeß". Bonn, 1990.
J	—	Gustav Janouch: Gespräche mit Kafka. Frankfurt a. M. 1951.
MB	—	Max Brod: Franz Kafka. Eine Biographie. Frankfurt a. M. 1954.

Leseanleitung

Während in dem Teil „Dichtung und Deutung" Kafkas Texte wegen ihrer Kürze entweder vollständig wiedergegeben oder inhaltlich zusammengefaßt worden sind, müßte der Leser bei den „Einzelinterpretationen" die Dichtungen selbst zur Hand haben. Da die einzelne Deutung genau dem Erzählverlauf folgt, erscheinen auch die Zitate entsprechend ihrer Reihenfolge im Geschehen. Nur bei Vor- oder Rückgriffen, also wenn ausnahmsweise einmal mehrere Seiten übersprungen werden, ist in Klammern die Seitenzahl angegeben.

Das Verständnis der Dichtungen Kafkas hängt entscheidend davon ab, inwieweit der Leser die einzelnen dichterischen Bilder in ihrer Bedeutung durchschaut und dadurch in ihrem folgerichtigen Sinnzusammenhang erkennt. Nur unter dieser Voraussetzung ist ein nachvollziehbares Lesen und Verstehen möglich. Die Deutung soll dabei hilfreich begleiten und durch ein umfassenderes Wissen auf Entsprechungen im Gesamtwerk Kafkas verweisen, um die jeweiligen Bilder überzeugend zu erhellen. Es ist nicht nötig, daß jeder Deutungshinweis immer unmittelbar übernommen werden muß, aber er soll als Anregung verfolgt und überprüft werden, um sich entweder schließlich als richtig zu bestätigen oder durch eine bessere Lösung verdrängen zu lassen. Maßstab darf allerdings nur das Sinngefüge eines erkannten Kosmos sein. Alles andere wird der großartigen Kunst Kafkas nicht gerecht.

II. Einzelinterpretationen

1. Ein Bericht für eine Akademie

Von den Mühen und Möglichkeiten des Menschseins

Dem Bewußtsein und der Erkenntniskraft angesehener, hoher Herren einer Akademie soll der Übergang vom Tier- zum Menschsein unterbreitet und verdeutlicht werden. Der zu diesem Bericht aufgeforderte, ehemalige Affe empfindet zwar sofort die damit verbundene Ehre und Auszeichnung, läßt aber zugleich auch keinen Zweifel an der kaum zu überbrückenden Kluft zwischen beiden Bereichen. Denn der ungebundenen, natürlichen Freiheit des Tieres steht die bewußte Freiheit des Menschen gegenüber, die ihm sein Leben grundsätzlich als Aufgabe auferlegt. Während dem instinktgesicherten Tier ebenso wie dem unbewußt lebenden Kind in paradiesischer Einheit mit der Natur deren grenzenlose Weite „durch das ganze Tor, das der Himmel über der Erde bildet", offensteht, wird dem Menschen mit seiner Auszeichnung durch die Erkenntnis umgehend seine Sterblichkeit bewußt. Dem erhebenden Gefühl des erwachten Geistes wird sofort das bedrückende Bewußtsein irdischer Gebundenheit entgegengesetzt: „wohler und eingeschlossener fühlte ich mich in der Menschenwelt". Gleichzeitig verengt sich aber dadurch die Weite des paradiesischen Himmelstores, durch das er gekommen ist, zu einem winzigen „Loch in der Ferne", durch das er körperlich nicht mehr zurückkann. Er müßte sich mit allen Kräften eines unerschütterlichen Willens „das Fell vom Leib ... schinden", um diese Möglichkeit wahrzunehmen. Dem dadurch angedeuteten Tod kommt demnach die alles entscheidende Bedeutung zu, und die Sterblichkeit wird zu einem verlockenden Reiz. „An der Ferse aber kitzelt es jeden, der hier auf Erden geht: den kleinen Schimpansen wie den großen Achilles", dessen einzige, verwundbare Stelle zum Sinnbild irdischer Vergänglichkeit wird. Die erkannte Notwendigkeit des Todes bedeutet daher für alle ein geheimnisvolles Ziel.

Aus der Perspektive des Affen ist der Sprung in das freie Menschsein hauptsächlich durch den

Verzicht auf jeden tierischen Eigensinn und die ursprünglichen, natürlichen Veranlagungen gekennzeichnet. Er erkennt, daß an die Stelle der zwangsläufigen Triebsteuerung die freie Entscheidung getreten ist. In diesem grundlegenden Unterschied sieht er den eigentlichen Auftrag und die mögliche Leistung des Menschen, die er allerdings „im Grunde allein" erbringen muß. Es gibt zwar viele sinnvolle Hilfen und die Ratschläge „von vortrefflichen Menschen", aber als freie, individuelle Persönlichkeit trifft und verantwortet er seine Entscheidungen und sein Handeln immer nur selbst. Das Bewußtsein der Freiheit ist der persönliche Wert des einzelnen Menschen.

Das unmittelbare Leben eines Tieres ist dagegen seinem Wesen nach unbewußt und müßte es infolgedessen auch „beim besten Willen", etwas davon kundzutun, bleiben. Eingebettet in die Geborgenheit der Natur, driftet es instinktsicher „am Abend inmitten eines Rudels zur Tränke", und der Name „Goldküste" ist vielleicht Ausdruck seines paradiesisch verklärten Daseins. Es ist bezeichnend, daß Kafka das Tier „nach einem frevelhaften Schuß" aus diesem Paradies vertreiben und in der Menschenwelt erwachen läßt. Die Anspielung auf den Sündenfall und die dem Menschen dadurch gegebene Erkenntnis ist augenscheinlich. Sein Bewußtsein ist geweckt:

„Nach jenen Schüssen erwachte ich – und hier beginnt allmählich meine eigene Erinnerung", heißt es aufschlußreich und richtungweisend im Bericht. „Alles liegt offen zutage, nichts ist zu verbergen". Von nun an „kommt es auf Wahrheit an". Damit sind Auftrag, Ziel und Wertung der menschlichen Existenz unabwendbar umrissen. Mit der freien Wahl seiner Entscheidungen übernimmt jeder einzelne Mensch auch die Verantwortung für sein eigenes Leben.

Wesentlich einfacher als die geistige Bestimmung ist das äußere Gehabe des Menschen zu beschreiben. Es bereitet dem gewesenen Affen eine geradezu tierische Freude, die Richtlinien aufzuzeigen, nach denen er „in die Menschenwelt eingedrungen ist und sich dort festgesetzt hat". Die versteckte Parodie menschlicher Gepflogenheiten und die unausgesprochene Kritik an der oberflächlichen Gesellschaft unterstreicht der vermenschlichte Affe dadurch, daß er sich völlig sicher ist, in dieser Hinsicht seine „Stellung auf allen großen Varietébühnen der zivilisierten Welt... bis zur Unerschütterlichkeit gefestigt" zu haben. Denn auf dem gesellschaftlichen Parkett herrscht die einstudierte Konvention der sogenannten guten Manieren, die beim „Handschlag geben" beginnt und die der erfolgreiche Karrierist „auf dem Höhepunkt" seiner „Laufbahn" durch sein gekonntes Geplaudere krönt. Hierbei kommt es weniger auf die bestimmte und klare Aussage an als vielmehr auf das unverbindliche, „offene Wort". In diesen Zusammenhang gehört auch das zelebrierte, gesellige Ritual, mit seinesgleichen „manche gute Flasche Rotwein" zu leeren. Dem für einen Zoo eingefangenen Affen scheint das gesellschaftliche Leben der Menschen zunächst tatsächlich nur aus Dressurakten zu bestehen.

Zwei Narben am Körper des Tieres kennzeichnen seine Menschwerdung. Wegen der einen, oberflächlichen, die sein Gesicht rot ausrasiert erscheinen läßt, erhält der ehemalige Affe den „Namen Rotpeter". Diese würdelose Bezeichnung kommt ihm ebenso animalisch und brutal wie gedankenlos und undifferenziert vor. Die scheinbar wesentliche, aber imgrunde völlig bedeutungslose, menschliche Namengebung erwähnt er deshalb nur verächtlich und „nebenbei". Das zweite, weitaus schwerwiegendere Merkmal seiner Menschwerdung ist die Beeinträchtigung seines von der Hose verborgenen Unterleibes, die sich äußerlich in einem sinnbildlichen, leichten Hinken ausdrückt. Auf diese Störung des natürlichen, zweckmechanischen Ablaufs weist Rotpeter allerdings voller Stolz wie auf eine Auszeichnung hin. In ihr begreift er die Ursache seiner großen Gesinnung und seiner Freiheit. Hier geht es um das Wesen und die Wahrheit des Menschen, vor der selbst „die allerfeinsten Manieren" als belanglose, unwesentliche Vordergründigkeiten verworfen werden müssen. Deshalb erfüllt es Rotpeter mit Abscheu, daß die breite Masse seine Auszeichnung verkennt, ja pervertiert. Sein Zorn richtet sich insbesondere gegen die gewissenlose Menge leichtfertig schreibender Journalisten, die verantwortungslos auf die menschliche Primitivität abzielen und dafür bereitwillig das Erhabene zum Gemeinen erniedrigen. Und als müsse er selbst den Sündenfall vor den obszönen Besudelungen der journalistischen Schreiberlinge bewahren, beschwört er sie — fast schon ein wenig augenzwinkernd — seine eindeutigen und sauberen Formulierungen nur ja nicht wieder mißverstehen zu wollen. Indem er ihnen ihre nackte, animalische Sexualität vorwirft, pocht er bei sich selbst auf seinen „wohlgepflegten" Anstand und seine kultivierte, menschliche Gesittung. Wenn zwei „die Hosen ausziehen", bedeutet das keineswegs dasselbe. Der mögliche Unterschied aber bezeichnet die Kluft zwischen dem Tierischen und dem Menschlichen.

Nach seinen grundsätzlichen Ausführungen am Anfang seines Berichts beschreibt und deutet Rotpeter dann die chronologische Entwicklung seiner Menschwerdung. Das Erwachen beginnt „in einem Käfig im Zwischendeck", in dem er weder aufrechtstehen noch niedersitzen kann. Seine in diesem unbefriedigenden Zwischensein „ewig zitternden Knien" lassen ihn „im Dunkel" seine Angst und scheinbare Ausweglosigkeit spüren. Er erkennt geradeaus zwar „zwischen den Brettern eine durchlaufende Lücke", die ihm wie ein Hoffnungsschimmer erscheint, den er „mit dem glückseligen Heulen des Unverstandes" begrüßt, aber um sie zu verbreitern, reicht alle Affenkraft nicht aus. Das „Beklopfen der Kistenwand mit dem Schädel" läßt ihn erkennen, daß er „die alte Affenwahrheit nicht mehr erreichen kann". Die einmal verlorene, natürliche Freiheit ist im irdischen Leben nicht mehr zurückzuerlangen. An ihre Stelle tritt statt dessen das Bewußtsein einer unergründlichen Gebundenheit. „Festgerannt" und „angenagelt" lauten die hintergründigen, aber auch verheißungsvollen Worte, mit denen die Notwendigkeit eines Ausweges beschworen wird. Ohne ihn wäre Rotpeter „unweigerlich verreckt" wie ein Tier. Deshalb führt „ein klarer, schöner Gedankengang" als Ausdruck eines fast kreatürlichen Überlebenswillens zur Menschwerdung. Es ist die Auszeichnung des Menschen, daß er den Tod nicht nur als ein Verenden im Nichts annehmen muß, sondern auch als die Möglichkeit einer Erlösung erhoffen kann. In dieser Hoffnung findet er dann aber die Ausrichtung und den Sinn seines Lebens. „Ich hatte keinen Ausweg, mußte mir ihn aber verschaffen, denn ohne ihn konnte ich nicht leben", berichtet Rotpeter von seiner Überzeugung, die Kafka einmal in dem Aphorismus begründet hat: „Der Mensch kann nicht leben ohne ein dauerndes Vertrauen zu etwas Unzerstörbarem in sich, wobei sowohl das Unzerstörbare als auch das Vertrauen ihm dauernd verborgen bleiben können. Eine der Ausdrucksmöglichkeiten dieses Verborgenbleibens ist der Glaube an einen persönlichen Gott." (H 44)

Der durch seinen Geist bestimmte Mensch durchforscht sein irdisches Dasein unentwegt nach seinem hintergründigen Sinn. Das entspricht nach wie vor seiner faustischen Veranlagung. Kafka nennt dieses Streben den „Ausweg" aus dem Bewußtsein irdischer Gebundenheit. Aber im Gegensatz zu Goethe sagt er „absichtlich nicht Freiheit". „Dieses große Gefühl der Freiheit nach allen Seiten" ist für ihn irreführend. Es verfälscht den menschlichen Auftrag. Deshalb ordnet er diese ungebundene, natürliche Freiheit ausschließlich dem Tierreich zu, und wenn „Menschen ... sich danach sehnen", wirft er ihnen Täuschung und Selbstbetrug vor; denn sie verführt in der Regel nur zur Triebhaftigkeit und Willkür. Dient sie jedoch lediglich zur Steigerung körperlicher Fertigkeiten, bleibt sie immer hinter den Möglichkeiten der Tierwelt zurück und macht sich ihr gegenüber lächerlich. Es ist, als prangere Rotpeter die abartigen Auswüchse und selbstherrlichen Verirrungen moderner Sportartistik als „Verspottung der heiligen Natur" an, wenn er höhnisch dazu anmerkt: „Auch das ist Menschenfreiheit". Wer hier die Erfüllung seines menschlichen Auftrags sucht, verkennt seine Bestimmung.

„Weiterkommen, weiterkommen!" heißt für Rotpeter das neue Ziel, und er erkennt, daß sein Weg dorthin nur über die „größte innere Ruhe" führt. „Ruhe ist Ausdruck der Kraft. Man kann aber auch durch Ruhe zur Kraft gelangen" (J 114), sagt Kafka zu Janouch. Infolgedessen sind Selbsterkenntnis und die ruhige, innere Besinnung auf das Wesentliche die entscheidenden Voraussetzungen für Rotpeters Ausweg. Weil aber Ungewißheit wesenhaft zum Menschenbild Kafkas gehört, stellt er die unerschütterliche Gewißheit dieses Ausweges sogleich wieder in Frage, um dann allerdings trotzdem an ihm festzuhalten, wenn er „auch nur eine Täuschung sein" sollte. Denn das Wagnis, sich selbst in der Ungewißheit zum höheren Menschsein zu bekennen, festigt im einzelnen Menschen den Wert seiner Persönlichkeit. Ganz in diesem Sinn zeigt Kafka in seinem Tagebuch die Richtschnur seines eigenen Verhaltens an: „Wenn auch keine Erlösung kommt, so will ich doch jeden Augenblick ihrer würdig sein". (T 249) Weil Kafka davon überzeugt ist, daß jedem Menschen sein irdisches Dasein als Auftrag auferlegt ist, besteht infolgedessen sein Leben aus Verantwortung und Bewährung.

Rotpeter verdankt seine Ruhe als Kraftquelle für einen Ausweg vor allem seinen genauen Beobachtungen an „den Leuten vom Schiff. Es sind gute Menschen, trotz allem". Diese Einschränkung läßt aufhorchen, denn sie zielt zweifellos auf die Primitivität ihres Verhaltens ab. Sie sind grobschlächtig, aber herzlich; ihre Späße sind derb, und ihre Freude bekunden sie in einem lauten Schenkelklopfen. Sie spucken gleichgültig überall hin aus; klagen immer, aber finden sich auch mit allem ab. Ihre einfältige Sprache ähnelt eher einem unartikulierten Zugurren, und ihre Vergnügungen sind anspruchslos. Aber obwohl Rotpeter selbst inzwischen in vieler Hinsicht über diese primitive, ungebildete Lebensstufe hinausgelangt ist und heute eine Einladung in diese Umgebung „gewiß ablehnen" würde, muß er die in ihr erfahrenen Eigenarten trotzdem als

Erscheinungsformen menschlichen Daseins anerkennen. Auf der Grundlage seiner genauen Beobachtungen dieser Menschen trifft er dann die Entscheidungen für seine eigene Entwicklung.

Als eine seiner ersten Einsichten erkennt Rotpeter die Sinnlosigkeit der Flucht. Wäre er vor den neuen Möglichkeiten geflüchtet, hätten sie ihn unweigerlich wieder eingeholt. Der Ausbruch hätte den ausweglosen, tierischen Tod bedeutet, bestenfalls hätte er „ein Weilchen auf dem Weltmeer geschaukelt und wäre ersoffen". Aus einer möglichen Furcht vor dem Tod hätte er überstürzt und sinnlos Selbstmord verübt. Seine derartigen Erwägungen durchschaut Rotpeter aber als „Verzweiflungstaten" und verwirft sie allein schon wegen ihrer Sinnlosigkeit. Ein verzweifelter Selbstmord verneint den Sinn des Lebens und bedeutet keinen Ausweg. Wer aber leben will, muß einen Ausweg finden.

Die breite Masse der Menschen scheint auf den ersten Blick gleichförmig und austauschbar. Einer ist wie der andere, „immer die gleichen Gesichter, die gleichen Bewegungen", so daß Rotpeter „im trüben Blick dieser Menschen" zunächst wirklich nichts Verlockendes findet. Aber dann entdeckt er einen feinen Unterschied zu seiner eigenen Lage, denn sie bewegen sich vor allem „unbehelligt". Diese Erkenntnis erfüllt ihn sogleich mit Zuversicht und Hoffnung. Er gesteht: „Ein hohes Ziel dämmerte mir auf"; denn er ahnt, daß auch für ihn in der Rolle des Menschen „das Gitter aufgezogen" werden könne. Ohne dessen ganz gewiß zu sein, ergreift er seine Chance, denn er fühlt sich von seinen „angehäuften Beobachtungen ... in die bestimmte Richtung" gedrängt. Rotpeter handelt entschlossen, um der ihm gebotenen Möglichkeit würdig zu sein, und beginnt die Menschen nachzuahmen.

Er muß zunächst Tätigkeiten nachahmen, die seiner natürlichen Veranlagung zuwider sind. Nach dem gegenseitigen Anspucken leckt er sich z. B. wieder sauber. Der Zweck des Rauchens, also der „Unterschied zwischen der leeren und der gestopften Pfeife", bleibt ihm unverständlich, und der bloße Geruch einer Schnapsflasche peinigt ihn und widert ihn an. Umgekehrt scheinen die Leute vom Zwischendeck eine derartige Abneigung wiederum nicht zu begreifen. Gerade die Überwindung des natürlichen Widerwillens bedeutet ihnen offenbar ein unbedingt erstrebenswertes Ziel. Jedenfalls setzen sie alles daran, um Rotpeter in diese Eigenarten ihres Selbstverständnisses einzuweisen. Um das der breiten Menge unverständliche „Rätsel" seines „Seins" zu lösen, wird er mit unglaublicher Ausdauer im Schnapstrinken unterrichtet. Dem Nichtraucher und Antialkoholiker Kafka bereitet die ausführliche Beschreibung derartiger Lehrstunden offensichtlich große Freude. Vom Bild des gelehrigen Schülers, aber auch seines Lehrers beeindruckt, schreibt er: „Einen solchen Menschenschüler findet kein Menschenlehrer auf dem ganzen Erdenrund". Unter diesen beispielhaften Voraussetzungen läßt auch der Erfolg nicht lange auf sich warten. Mit feinsinnigem Humor verspottet Kafka das eigentlich abschreckende Ergebnis. Der begierig verlangende Schüler besudelt und verunreinigt bereits im „theoretischen Unterricht" zur großen Genugtuung seines Lehrers den eigenen Käfig. Der Meister jedoch belohnt sich seinen Erfolg, indem er anschließend die Flasche Schnaps tatsächlich „mit einem Zuge" leertrinkt und sich danach betrunken und selbstzufrieden „den Bauch streicht und grinst". Dieses Glück eines Menschen begreife, wer will.

Bei den praktischen Übungen ist der gelehrige Rotpeter in den äußeren Handhabungen sehr bald „vom Original schon kaum zu unterscheiden". Aber in seinem innersten Wesen lehnt er sich instinktsicher und voller Abscheu – das Wort wird durch seine mehrmalige Wiederholung nachdrücklich unterstrichen – gegen die menschliche Vergewaltigung der Natur auf. Es ist nur der unermüdlichen Ausdauer des Lehrers zuzuschreiben, der mit Strenge und Güte hartnäckig gegen die gesunde und saubere „Affennatur" ankämpft, so daß sie schließlich überwunden werden kann. Das fällt dem der Natur unmittelbarer verhafteten Tier ungleich schwerer als dem ihr scheinbar überlegenen Menschen.

Trotzdem feiern Rotpeter, sein Lehrer und die Leute vom Zwischendeck die Überwindung der Affennatur als gemeinsamen Sieg. Welch eine Parodie, wenn jetzt der „Trinker von Fach ... nicht mehr als Verzweifelter, sondern als Künstler" die bewußt geleerte Flasche gekonnt wegwirft und den ersten „Menschenlaut" ausstößt, um mit diesem betrunkenen Ruf als einer ihresgleichen taumelnd „in die Menschengemeinschaft" aufgenommen zu werden! Aber Rotpeter will keineswegs diesen primitiven Menschen gleich werden. Ihn drängt es, den nur einem Menschen möglichen Ausweg zu finden, den allerdings die Schnapstrinker vom Zwischendeck in ihrem selbstzufriedenen Rausch offenbar nicht einmal suchen. Dagegen bedeutet sein verstärkter „Widerwille gegen die Schnapsflasche" eine eindeutige Verurteilung dieses Verhaltens und des damit beschrittenen Irrweges. Sein eigener, menschenwürdigerer Weg zeigt jedoch in eine andere „Richtung".

Als Mensch erkennt Rotpeter „bald die zwei

Möglichkeiten", die ihm offenstehen: „Zoologischer Garten oder Varieté". Damit steht er vor der alles entscheidenden Frage, ob er sein menschliches Leben passiv hinnehmen oder aktiv gestalten will. Da er die geistige Trägheit hellsichtig als untätiges Versagen und aussichtslosen Untergang verwirft, entfacht er alle seine Kräfte zu einer geistigen Tätigkeit: „Das ist der Ausweg... Und ich lernte, meine Herren. Ach, man lernt, wenn man muß; man lernt, wenn man einen Ausweg will". Hiernach verdichtet sich Kafkas Bildersprache zu einem uneingeschränkten Bekenntnis zur geistigen Welt. „Man lernt rücksichtslos. Man beaufsichtigt sich selbst mit der Peitsche, man zerfleischt sich beim geringsten Widerstand." Im Bild wiederholt sich die Begriffssprache des Aphorismus: „Es gibt nichts anderes als eine geistige Welt; was wir sinnliche Welt nennen, ist das Böse in der geistigen, und was wir böse nennen, ist nur eine Notwendigkeit eines Augenblicks unserer ewigen Entwicklung." (H 44) In diesem Zusammenhang ist es nur folgerichtig, daß „die Affennatur... sich überkugelnd" aus Rotpeter „hinaus und weg" rast.

Dem von seinem unermüdlichen Lern- und Wissensdrang ebenso getriebenen wie gelenkten Menschen beginnt seine „Zukunft zu leuchten... Diese Fortschritte! Dieses Eindringen der

Wissensstrahlen von allen Seiten ins erwachende Hirn!" Rotpeter gesteht: „Ich leugne nicht: es beglückte mich." Seine Auszeichnung mit der Erkenntnis öffnet den Menschen für die Geheimnisse der Schöpfung. Sie läßt ihn daran teilhaben wie an den Strahlen der Sonne. Der Weg zu diesem Ziel aber heißt Bildung. Mit Hilfe der „Durchschnittsbildung eines Europäers" durchbricht der Mensch bereits seine irdischen Begrenztheiten; er öffnet sich im Endlichen den Blick für das Unendliche, das er zwar nicht zu erlangen, aber wenigstens zu ahnen vermag. Bildung läßt den Menschen hoffen, sie verschafft „diesen besonderen Ausweg, diesen Menschenausweg", wie er von Rotpeter nach seiner Menschwerdung sowohl erhofft als schließlich auch erreicht wird. Für ihn bedeutet daher das Menschsein, sich aus der Aussichtslosigkeit seines Käfigs zu befreien und „sich in die Büsche schlagen". Diese „ausgezeichnete deutsche Redensart" erfährt dadurch ihre sinnvolle Erklärung. Dem Menschen ist weder die Rückkehr zur natürlichen Freiheit des Tieres noch die Erlösung in die absolute Freiheit Gottes möglich. Eingetaucht in den unübersehbaren Dschungel irdischer Gegebenheiten und Notwendigkeiten, muß er diese Herausforderungen tätig annehmen und unentwegt bestehen. Das ist sein irdischer Weg; das bedeutet sein irdisches Ziel, nicht mehr, aber auch nicht weniger!

Indem Rotpeter das Ergebnis seiner Entwicklung überblickt, erkennt er, daß sein Leben zwar begrenzt, aber nicht aussichtslos ist. Deshalb gesteht er zusammenfassend: „So klage ich weder, noch bin ich zufrieden." Er hat sich in seinem unsicheren „Schaukelstuhl" eingerichtet und schaut hoffnungsvoll „aus dem Fenster". Geschäftlich und gesellschaftlich kann er „kaum mehr zu steigernde Erfolge" vorweisen, menschlich bleibt er dagegen „nach Affenart" bedroht. In ihm selbst stehen sich die Lichtseiten des Tages und die Schattenseiten der Nacht unüberbrückbar gegenüber. Das wird ihm am deutlichsten in seinem privaten, sexuellen Bereich bewußt. Hier scheint die Kluft zwischen Anspruch und Wirklichkeit, zwischen der Menschenwürde und der Naturmechanik am schwierigsten zu überwinden. Hier ist Rotpeter seine Menschwerdung noch nicht gelungen, und er ist der Halbwelt seiner kleinen, nur halbdressierten Schimpansin animalisch verhaftet geblieben. Aber er weiß um diesen dunklen Fleck in seinem Leben und versucht ihn zu verbergen; denn er kann als Mensch „den Irrsinn des verwirrten dressierten Tieres im Blick" nicht mehr ertragen. Nur die Vergeistigung der Sinnlichkeit und der ebenbürtige Partner ermöglichen eine wirklich menschenwürdige Liebe. Von diesem Ziel ist Rotpeter augenblicklich jedoch noch weit entfernt.

Trotz gewisser Einschränkungen und Unvollkommenheiten glaubt er, „im ganzen" aber das Mögliche erreicht zu haben, und rechtfertigt nicht ohne Stolz seine Anstrengungen gegen den denkbaren Vorwurf, sein Ergebnis „wäre der Mühe nicht wert gewesen". Rotpeter bekennt sich vorbehaltlos zu den ihm auferlegten Mühen und den damit verbundenen Möglichkeiten seines Menschseins. Seine Hoffnung läßt ihn ahnen, daß er sich im ganzen bewährt und die Aufgabe seines Lebens gelöst hat. Darüber will er jedoch „keines Menschen Urteil"; denn die letzte Bewertung seiner menschlichen Bewährung überschreitet die irdische Zuständigkeit.

Rotpeters Darstellung seines Lebens ist der Tatsachenbericht genauer Beobachtungen. Er unterbreitet ihn den gelehrten „Herren von der Akademie", um ihre „Kenntnisse" zu vermehren. Sie mögen diese Bereicherung wissenschaftlich durchleuchten und einordnen. Sie mögen sie als Hilfe verstehen und Wegweisung, als tiefen Einblick in das Wesen der menschlichen Existenz. Sie würden ihn jedoch völlig mißverstehen, und Rotpeter müßte ihnen dann seinerseits vorwerfen, „es wäre der Mühe nicht wert gewesen", wenn sie annähmen, er hätte rätselhaft und verschlüsselt in Äquivokationen, Polysemien und gleitenden Paradoxen das Unsagbare sagen wollen. Er hat nur sehr aufmerksam beobachtet und gewissenhaft das Sagbare gesagt, um es den Menschen als Spiegel zu Selbsterkenntnis vorzuhalten. Allerdings läßt sich auch dabei eine alte Affenwahrheit nicht aufheben, daß nämlich kein kluger Kopf herausschauen kann, wenn nur ein Affe hineinblickt.

2. Entlarvung eines Bauernfängers

Die Wachsamkeit vor den Verführungen des Bösen

Erst am späten Abend wird dem Eingeladenen die nicht nachlassende Anziehungskraft seines erstrebten Zieles wieder deutlicher bewußt. Bis dahin hatte er sich durch oberflächliche und bedeutungslose Zufälligkeiten sinnlos davon ablenken lassen. Ein ihm nur flüchtig bekannter Mann hatte ihn „zwei Stunden lang in den Gassen herumgezogen" und sich über jeden zaghaften Versuch, dieser leeren Zeitverschwendung zu entgehen, rücksichtslos hinweggesetzt. Die unnachgiebige Hartnäckigkeit und fehlende Feinfühligkeit des aufdringlichen und inzwischen lästigen Zufallsbekannten verwandeln seine letzte, verzögernde Frage in das „Geräusch wie vom Aneinanderschlagen der Zähne". In dem dichterischen Bild der zuschnappenden Zähne des Gebisses widerspiegeln sich bei Kafka — am deutlichsten in der Erzählung „Schakale und Araber" — die Gefährdungen und höllischen Vorstellungen (H 179) des Menschen, ausschließlich der naturhaften Vordergründigkeit seines Daseins verhaftet zu bleiben. Gegen die dabei drohende Ermüdung und Verflachung kann sich der Betroffene nur durch seine wache Zielstrebigkeit auflehnen. Seine unübersehbare Geste „zum Zeichen der unbedingten Notwendigkeit des Abschieds" sowie seine beiden knappen, eindeutigen Antworten „so" und „ja" in der zur Zuspitzung verwendeten, wörtlichen Rede verdeutlichen diese Entschlossenheit. Es wird ihm plötzlich klar, daß seine Einladung eigentlich ein vordringlicher Auftrag ist, dessen Erfüllung der andere Mann hinderlich im Weg steht.

Während das erzählende Ich sich aufgefordert fühlt „hinaufzukommen", also aufzusteigen, um sich in „dem herrschaftlichen Hause" eine lang gehegte Sehnsucht zu erfüllen, wird der vordergründige Bekannte wie der Türhüter in der Parabel „Vor dem Gesetz" zu einem bedrohlichen Hindernis, zu der Gefahr, „hier unten vor dem Tor" stehenzubleiben und von dem ursprünglichen Ziel abgelenkt zu werden. Aber das untätige Verharren in dieser flachen Vordergründigkeit läßt zugleich keinen Zweifel an der damit verbundenen Aussichtslosigkeit und Leere, in der sich die Menschen nichts Wesentliches mehr zu sagen haben. Blind blicken sie an den verschlossenen Ohren ihrer nichtssagenden Mitmenschen vorbei. Das ganze irdische Dasein wird vom Nichts dieses Schweigens in hoffnungslose Finsternis gestürzt, weil in diesem blinden, tauben und stummen Nebeneinander nichts mehr über sich selbst hinausweist. Das undurchdringliche Dunkel über den Häusern läßt keine Sterne mehr ahnen; die ziellosen Wege sinnlos umherirrender Spaziergänger wecken keine Neugierde. Die unendliche Weite des Kosmos wird in die Enge einer Straße zusammengedrückt, und der Lärm eines Grammophons ist anspruchsloser Selbstzweck. Kafka sagt einmal: „Jeder Mensch trägt ein Zimmer in sich." (H 55) Aber wenn seine geschlossenen Fenster die Durchsicht versperren, weil draußen und drinnen nur eine nichtssagende Finsternis herrscht, muß der Mensch in der Sinnlosigkeit des Nichts versinken, denn ihm fehlt die wegweisende Blickrichtung und damit jede Hoffnung.

Das selbstgefällige Lächeln des hier an seinen eigenen Arm mit geschlossenen Augen zufrieden angelehnten Begleiters läßt dagegen bei dem plötzlich wachen und hellsichtigen Beobachter die Erkenntnis aufleuchten, die ihn zugleich mit der Scham über seine eigene, bisherige Verblendung erfüllt. Umgehend erkennt und durchschaut er jetzt den Bauernfänger und entlarvt sein Verhalten als verführerische Ablenkung vom Wesentlichen. Alle betörenden Verlockungen der Stadt sind Fallen der Bauernfänger. „Aus Seitenstraßen" zerren sie „bei Nacht" ihre Opfer vom wahren Weg, biedern sich scheinbar freundschaftlich „wie Gastwirte" an, laden zu ziellosem Verweilen ein, lauern an Anschlagsäulen mit reizvollen Empfehlungen und versuchen „in Straßenkreuzungen, wenn wir ängstlich werden", die unsichere Entscheidung betrügerisch zu beeinflussen. Die ständige und zerstörerische Gefährdung des Menschen wurzelt in der Versuchung, sich mit seinem Leben als Selbstzweck zu begnügen und nicht über diese Unmittelbarkeit des vergänglichen Augenblicks hinauszustreben. Von Anfang an sind deshalb die Bauernfänger hartnäckige und anheimelnde Begleiter des menschlichen Lebens, sie sind die „ersten städtischen Bekannten in den kleinen Wirtshäusern" und als scheinbare Oasen „so wenig von der Erde" wegzudenken, daß jeder ihre unnachgiebige Gegenwart in sich fühlt. Bauernfänger bestimmen unentwegt den geschäftigen und besinnungslosen Alltag und bedeuten für den Menschen das Böse der Ablenkung von seiner eigentlichen Bestimmung und Aufgabe, damit ihm bereits der Weg irrtümlich und verhängnisvoll als Ziel erscheint. Ein Aphorismus Kafkas beschwört diese Gefahr mit den Worten: „Das Leben ist eine fortwährende Ablenkung, die nicht einmal zur Besinnung darüber kommen läßt, wovon sie ablenkt." (H 334)

Selbst der erwachte Geist, der sein wirkliches Ziel doch ahnt, aber dem irdischen Leben weiter verhaftet ist, vermag die Bauernfänger nicht einfach abzuschütteln. Sie bleiben ihm für die Dauer seines Lebens verbunden, halten ihn in der irdischen Erscheinungswelt, „selbst wenn man ihnen schon längst entlaufen war, wenn es also längst nichts mehr zu fangen gab!" Am Ende seines Romans „Der Prozeß" deutet Kafka diesen Zwiespalt mit der Erklärung: „Die Logik ist zwar unerschütterlich, aber einem Menschen, der leben will, widersteht sie nicht." (P 272) Das Leben ist der Widersacher, aber auch die Aufgabe des Geistes. Die Bauernfänger verstellen dagegen einseitig dem Menschen, so breit sie können, das Ziel und versuchen, von ihm abzulenken. Statt dessen bieten sie „zum Ersatz eine Wohnung in ihrer eigenen Brust", aber „das gesammelte Gefühl in uns", das sich weitsichtig und zielstrebig gegen dieses behagliche Verweilen in einer sich selbst genügenden Endlichkeit aufbäumt, mißverstehen sie als lustvolle, irdische Erregung und besinnungslose Umarmung. Aber „diese alten Späße" werden diesmal von dem erwachten und erkennenden Menschen als Sinnenbetrug durchschaut und als „Schande" für seine geistige Bestimmung verworfen.

Während der Bauernfänger unverrückbar in den Notwendigkeiten seines irdischen Daseins verharrt „und die Zufriedenheit mit seinem Schicksal ... ihm die freie Wange" als Ausdruck eines unmittelbar pulsierenden Lebens rötet, raunt ihm der hellsichtige und entschlossene Geist erleichtert das entlarvende „Erkannt!" zu, um ihn danach befreit abzuschütteln und „die Treppe hinauf" seinem ersehnten Ziel entgegenzueilen. Es ist, als überrenne der „Mann vom Lande" in der Parabel „Vor dem Gesetz" endlich den Türhüter und dringe zielstrebig in das geheimnisvolle Innere des Gesetzes ein. Tatsächlich ist auch „oben im Vorzimmer" alles für einen verheißungsvollen Empfang eingerichtet und vorbereitet. Das sehnsüchtig Erwartete scheint sich zugleich „wie eine schöne Überraschung" zu erfüllen. Vom Reisekleid und dem Staub seiner irdischen Wanderschaft befreit, erkennt der Eingeladene jetzt in allen Dienern treue Helfer seiner wahren Bestimmung. Das ganze Dasein seiner Umgebung mutet nun wie ein sinnvoller und zweckbestimmter Wegbereiter für ein höheres Ziel an. „Aufatmend und langgestreckt" oder mit den Worten einer anderen Erzählung: indem er „sich zu seiner wahren Gestalt erhebt" (E 33), wähnt er sich hoffnungsvoll am Ziel seiner Einladung zu der würdevollen Gesellschaft in dem herrschaftlichen Haus, zu dem er erwartungsfroh aufgestiegen ist. Der durch seine Erkenntnis ausgezeichnete Mensch muß sein Leben als Aufgabe verstehen. In der freiwilligen Annahme und Verwirklichung dieses Auftrages steigt er aufwärts und erhebt sich zu seiner eigentlichen Größe. Alles, was ihn daran hindert oder davon ablenkt, bedeutet für Kafka das Böse: „Böse ist das, was ablenkt." (H 84) Die Wachsamkeit ihm gegenüber entlarvt zwangsläufig den Bauernfänger.

Am 8. August 1912 heißt es im Tagebuch: „‚Bauernfänger' zur beiläufigen Zufriedenheit fertig gemacht." (T 281) Trotz dieser eingeschränkten, aber wegen ihrer Seltenheit bei dem äußerst selbstkritischen Dichter bereits bemerkenswerten Anerkennung der eigenen Erzählung hat sie in der Forschung bisher kaum Beachtung gefunden. Sie ist aber ein aufschlußreiches und überzeugendes Beispiel dafür, daß nur der ausgeleuchtete Hintergrund der dichterischen Bilder Kafkas ihr Geheimnis ein wenig lüften und ihr tiefsinniges Beziehungsgeflecht in seiner Bedeutung sinnvoll erhellen kann. Nur das erkannte, hintergründige Sinngefüge verknüpft die einzelnen Bilder sinnfällig miteinander und offenbart folgerichtig die geistige Aussage des Dichters.

3. Zur Frage der Gesetze

Geistesadel als Wegweiser

Indem der Erzähler in der Wir-Form berichtet, erhebt er den Anspruch, nicht nur eine persönliche, sondern immer zugleich auch eine allgemeine Gegebenheit zu beschreiben. Er ist zwar selbst betroffen, aber teilt sein Los letztlich mit allen Menschen. Seine Lage widerspiegelt grundsätzlich das Problem der menschlichen Existenz, das durch die Fragen nach den richtungweisenden Lebensbestimmungen gekennzeichnet ist. Die Tatsache, daß der Mensch nach derartigen Gesetzen gesteuert wird, steht wohl unangezweifelt fest. Die Schwierigkeiten beginnen jedoch mit der Einsicht, daß sie im allgemeinen verborgen bleiben und nur einer kleinen Schar von Auserwählten vertraut sind. Aber als „Geheimnis der kleinen Adelsgruppe" bilden diese Gesetze offenbar das entscheidende Fundament einer zielgerichteten, sinnvollen Herrschaft. Die Masse der Menschen wird demnach seit jeher von Bestimmungen beherrscht und gelenkt, die „nur einzelne und nicht das ganze Volk" in ihren Strukturen durchschauen und in ihrem tieferen Sinn zu deuten vermögen. Obwohl diese Unkenntnis einerseits die vielen als „etwas äußerst Quälendes" bedrückt, sehen sie andererseits in der Auszeichnung einiger weniger gerade ein unumgängliches Gebot der Weisheit. Da das Volk „die Weisheit der alten Gesetze" nicht anzweifelt, beugt es sich auch bereitwillig der Herrschaft dieser Auserwählten, die durch ihre Einsichten die notwendigen Wege zu weisen wissen.

Die richtige Erkenntnis verlangt zwangsläufig das ihr gemäße Handeln. Dadurch ist das Verhalten des Adels festgelegt und ein von persönlichen Interessen beeinflußter Mißbrauch ausgeschlossen. Er würde nämlich von dem Gesetz ablenken, daß der Ausgezeichnete verantwortungsbewußt und unverfälscht den anderen zu verkünden hat. Die Freiheit des Einzelnen ist zwar gewährleistet, aber sie läßt keine Willkür zu. Es ist die Freiheit des Adels, „außerhalb des Gesetzes" stehen zu können, „und gerade deshalb scheint das Gesetz sich ausschließlich in die

Hände des Adels gegeben zu haben". Die Freiheit besteht im freiwilligen Bekenntnis zum Gesetz. Weil der Adel die Notwendigkeiten des Lebens durchschaut und bejaht, beherrscht er sie. Das ist der begrenzte Spielraum der menschlichen Freiheit, den Kafka einmal zu dem Aphorismus verdichtet hat: „Freiheit und Gebundenheit ist im wesentlichen Sinn eines." (H 113) Der Erzähler hat die richtige Einsicht, wenn er die Auslegungsmöglichkeiten des Gesetzes nur dem freien Einzelwesen zugesteht; er erkennt jedoch gleichzeitig, daß „die möglichen Freiheiten bei der Auslegung ... sehr eingeschränkt" sind und den allgemeinen Verlauf des Lebens kaum berühren. Die Sicherheit seiner Schlußfolgerungen beruht für ihn auf seinen genauen Beobachtungen und der gesetzmäßigen Logik seines Verstandes. Das folgerichtige Denken läßt ihn die Bedeutung und das Verhalten des Adels durchschauen. Es ist ein erfolgreiches Mittel, in dessen scheinbares Geheimnis einzudringen. Deshalb beginnt der Erzähler seine Überlegungen mit der einzigen Ich-Form der ganzen Erzählung: „Ich denke".

Aber Kafka wäre nicht er selbst, wenn er derart vermeintliche Sicherheit unangefochten zuließe. „Die schreckliche Unsicherheit meiner inneren Existenz" (T 304), klagt er im Tagebuch. Sie drängt ihn auch hier, sein „cogito" als ein scheinbar erkanntes Gesetz wieder in Frage zu stellen und vorsichtshalber lieber in eine bloße Vermutung zu verwandeln. Die langjährige und bleibende Wirkung der Gesetze scheint ihm daher im Grunde nur eine „durch ihr Alter glaubwürdige Tradition ..., denn der Charakter dieser Gesetze verlangt auch das Geheimhalten ihres Bestandes". Die Antworten und Lösungen großer Künstler und Seher sowie bedeutender Denker der Vergangenheit, die scheinbar richtungweisend von der Geschichte und Wissenschaft aufbewahrt und überliefert werden, widerspiegeln auch nur Vorschläge und Ergebnisse, auf die sich niemand endgültig verlassen kann. Ihre gewissenhafte Erforschung, Aufzeichnung und Auswertung scheinen mitunter „gewisse Richtlinien" und eine „geschichtliche Bestimmung" erkennen zu lassen. Aber vielleicht sind sie auch „nur ein Spiel des Verstandes", bei dem spekulativ ein verlockendes Sinngefüge erstellt wird, das zu wünschenswerten „Schlußfolgerungen ... für die Gegenwart und Zukunft" verführt. Beweisbar ist die Richtigkeit derart zielgerichteter Überlegungen nicht. Wer sich dennoch ein Sinnganzes erarbeitet, bleibt damit allein. Seine persönliche Überzeugung besitzt keine zwingende Verbindlichkeit für seine Mitmenschen.

Angesichts der allgemeinen Unsicherheit ist es durchaus möglich, die Existenz gesicherter und verbindlicher Gesetze gänzlich zu leugnen. Unter diesen Umständen müßte aber Herrschaft notwendig Gewalt und Willkür des Stärkeren bedeuten. Der Adel verlöre seine Bedeutung als richtungweisende Elite, als verantwortungsbewußter Wegweiser zu einer höheren Lebensform und zur Veredlung des Menschen. Der Verzicht auf die geistige Ausrichtung und die Einbindung in übergeordnete Zusammenhänge führt notwendig zu einer Verarmung und Verflachung des menschlichen Daseins. Dennoch halten manche ihr gedankenloses Mittreiben in diesem vordergründigen Strom für die bequemere Lösung. Sie leben leichtsinnig und verantwortungslos in den Tag hinein und geben sich damit zufrieden, von den zufälligen Gegebenheiten des unmittelbaren Lebens einfach mitgetragen zu werden. In blinder Sorglosigkeit überlassen sie sich dem Diktat der jeweils Mächtigen. Die damit verbundene, unumgängliche Unterwerfung und Anerkennung einer geistig unbegründeten und ungerechtfertigten Überlegenheit anderer läßt jedoch im Volk die scheinbar bequeme und „verlockende Partei, welche an kein eigentliches Gesetz glaubt, so klein" und in der Minderheit bleiben. Willkürherrschaft und Gesetzlosigkeit vermögen auf Dauer keine zufriedenstellende Antwort auf die allgemein empfundene Unsicherheit zu geben.

Wenn es kein Gesetz gibt, herrschen die Mächtigen willkürlich. Dann ist aber auch eine Volkstradition, die sich in einem solchen Herrschaftsgefüge in Sicherheit wähnt, trügerisch und verwerflich. Weil aber die „überwiegende Mehrheit" des Volkes von der Existenz eines alles bestimmenden Gesetzes überzeugt ist, muß nach ihrer Meinung in Tradition und Forschung unermüdlich weiter danach gesucht werden. Daß die gesamte Menschheit in ihrer Geschichte und Zukunft dazu ein riesenhaftes Material bereitstellt, gibt dieser „Aufgabe ... einen Schein von Unendlichkeit" (H 99). Trotz der Ungewißheit des Augenblicks und der Unendlichkeit der Aufgabe wird der Mensch von dem alles entscheidenden Traum bestimmt, daß seine Erlösung aus dem Dilemma möglich ist, „daß einmal eine Zeit kommen wird, wo die Tradition und ihre Forschung gewissermaßen aufatmend den Schlußpunkt macht, alles klar geworden ist". Es ist die Hoffnung, die in der Sehnsucht gründet, daß die adligen Wegweiser in Zukunft einmal überflüssig werden, weil das ganze Volk selbst geadelt und des Gesetzes würdig geworden ist. Obwohl diese Sehnsucht im irdischen Dasein offenbar niemals gestillt werden kann, wird „das für die Gegenwart Trübe dieses Augenblicks" trotzdem durch einen unzerstörbaren Glauben an die in weitester Ferne mögliche Erfüllung erhellt. Wenn auch das Ideal für den Menschen eine unerreichbare Utopie bleibt, so beseelt es dennoch seine Träume und gibt ihm die Kraft zu einer unwiderstehlichen Hoffnung.

Eine theoretische Alternative, die menschliche Gespaltenheit zu überwinden, wäre „eine Partei, die neben dem Glauben an die Gesetze auch den Adel verwerfen würde". Das hieße aber, den Sündenfall als die Ursache dieser Gespaltenheit rückgängig zu machen und die dem Menschen mit der Erkenntnis verliehene Auszeichnung aufzuheben. Das käme zweifellos einer Selbstzerstörung der Menschlichkeit gleich, vor der offenbar jeder zurückschreckt. Infolgedessen verharrt der Mensch in seiner Gespaltenheit und bekennt sich zu ihr. Seine Auszeichnung gegenüber allen anderen Lebewesen ist die Möglichkeit, den Adel seines Geistes zu verwirklichen. In ihm erkennt er „das einzige, sichtbare, zweifellose Gesetz, das uns auferlegt ist". Und weil er auf die ihm damit übertragene Herausforderung nicht verzichten will, muß er sein Leben als immerwährende Aufgabe begreifen und gestalten. Auf den Adel als Wegweiser ausgerichtet, bemüht sich der

Mensch, des verborgenen Gesetzes würdig zu werden. Indem er sich über die eindeutigen Vordergründigkeiten der anspruchslosen Masse erhebt, gibt er seinem Leben einen höheren Sinn, der ihn zu der Hoffnung auf eine beglückende Erfüllung seines ganzen Daseins berechtigt.

Mit dieser Ende Oktober 1920 entstandenen Erzählung bekennt sich der Dichter zu der Auszeichnung und Bestimmung des Menschen, sein Leben durch den ihm zugänglichen, geistigen Adel zu vervollkommnen, sinnvoll zu erfüllen und auf ein erhofftes Ziel auszurichten. „Wenn auch keine Erlösung kommt, so will ich doch jeden Augenblick ihrer würdig sein." (T 249) Mit dieser Tagebucheintragung schlägt Kafka einen Grundakkord an, der trotz aller Unsicherheit der geistigen Existenz an der aristokratischen Motivation des Menschen festhält. Diese unerschütterliche Überzeugung muß als die alles entscheidende Grundlage für das Verständnis seiner gesamten Dichtung angesehen werden.

4. Ein Landarzt

Die Todesbereitschaft als Rechtfertigung des sinnvollen Lebens

Ist er ein Arzt vom Lande oder für das Land, der gleich am Anfang der Erzählung seine große Verlegenheit gesteht? Jedenfalls ist seine Verbundenheit mit diesem Land die Ursache für seinen Zwiespalt. Er soll sich auf den Weg begeben und die schwere Krankheit heilen, die das Leben eines Menschen bedroht und der jetzt auf Hilfe wartet. Er soll die Aufgabe lösen, für die er mit Wagen, Pelz und Instrumenten „reisefertig" ausgerüstet ist. Aber „in der letzten Nacht" hat sein Pferd „infolge der Überanstrengung in diesem eisigen Winter" seine natürliche Kraft verbraucht und ist verendet. Undurchdringliche Dunkelheit verstellt die Aussicht, erstarrende Kälte bedroht das Leben, und der Tod des Pferdes verhindert den Aufbruch. Die Hoffnung auf irgendeine Hilfe von außen „im Dorf" erfüllt sich nicht. Das „Dienstmädchen" irrt dort vergeblich und sinnlos umher. „Immer mehr vom Schnee überhäuft, immer unbeweglicher werdend" und über die Kälte der teilnahmslosen Mitmenschen erschrocken, erkennt der verzweifelnde, hilflose Helfer die zwecklose Leere seines untätigen Daseins. Seine Lage scheint hoffnungslos, denn seine bisherige Wirklichkeit zeigt ihm keinen Ausweg: „Ich fand keine Möglichkeit." Doch diese scheinbar ausweglose Ohnmacht, die zugleich auch die Ursache seiner großen Verlegenheit ist, läßt ihn unbewußt tätig werden: „Zerstreut, gequält stieß ich mit dem Fuß an die brüchige Tür des schon seit Jahren unbenützten Schweinestalles."

Die brüchige Tür und der unbenutzte Stall als unbekannte Leerstellen in seinem Dasein offenbaren ihm umgehend bisher ungeahnte Möglichkeiten. Um sie zu erschließen, bedarf es jedoch – wie Kafka im Tagebuch schreibt – der „Heranführung neuer Kräfte. Hier allerdings gibt es Überraschungen; das muß der trostloseste Mensch zugeben, es kann erfahrungsgemäß aus Nichts etwas kommen, aus dem verfallenen Schweinestall der Kutscher mit den Pferden kriechen." (T 563) Der trostlose Landarzt erfährt in diesem Augenblick die entscheidende Wende seines Lebens. In die gewohnte Wirklichkeit seines bisherigen Daseins bricht plötzlich etwas scheinbar Unwirkliches ein, in dem vermeintlichen Nichts leuchtet die eigentliche Lösung auf: aus dem leeren Schweinestall kriecht der Kutscher mit den zwei mächtigen und kraftvollen Pferden. Dieses unerklärliche, außerordentliche Ereignis prägt von nun an das gesamte Geschehen und bestimmt seinen Verlauf. Während das Dienstmädchen aber lediglich überrascht feststellt: „man weiß nicht, was für Dinge man im eigenen Hause vorrätig hat", beobachtet der Arzt sprachlos und neugierig die erstaunlichen, neuen Vorgänge. Er erkennt die enge, natürliche Verbundenheit des Knechtes mit den Tieren, die er „Bruder" und „Schwester" nennt. Er erlebt, wie sie ihre vor Lebenskraft strotzenden Körper ausdampfend entfalten und wie bei einer Geburt „aus dem Türloch, das sie restlos ausfüllen", ins Leben treten. Von diesem Augenblick an sieht der Landarzt mehr als bisher, es ist, als sei er plötzlich erwacht und dringe tiefer in das Geheimnis des Lebens ein. Der scheinbar verborgene Hintergrund leuchtet auf und erhellt seine Tiefe. Im dichterischen Bild erscheint sie als das Ungewöhnliche und Unwirkliche bzw. als das eigentlich Wesentliche. Um ihre künstlerische Darstellung zu erklären, sagt Kafka einmal zugespitzt zu Janouch: „Wirkliche Realität ist immer unrealistisch." (J 91) Sie zeigt nämlich nicht nur die äußere Erscheinungswelt, sondern enthüllt immer zugleich auch deren geistige Bedeutung.

Wenn jetzt der Arzt „das willige Mädchen" dazu anhält, an der Seite des vermeintlichen Kutschers zu helfen, „umfaßt es der Knecht und schlägt sein Gesicht an ihres . . .; rot eingedrückt sind zwei Zahnreihen in des Mädchen Wange." Das tierische Verhalten, das sich bei Kafka häufig im Bild des zuschnappenden Gebisses widerspiegelt, ist zugleich Ausdruck der naturhaften Bedrohung des Menschen. „Das animalische Physische überwuchert und erstickt alles Geistige" (J 74), erklärt Kafka gegenüber Janouch. Aber das natürlich-körperliche Dasein ist auch die notwendige Voraussetzung für eine geistige Entfaltung. Während der empörte Arzt daher einerseits berechtigt den Pferdeknecht „wütend" als „Vieh" bezeichnet, besinnt er sich andererseits jedoch „gleich, daß es ein Fremder ist; daß ich nicht weiß, woher er kommt, und daß er mir freiwillig aushilft, wo alle anderen versagen". Trotz seiner unbekannten und geheimnisvollen Herkunft bedeutet das irdische Dasein für den Menschen auch die zweifellos erkennbare Hilfe, seinen Auftrag zu erfüllen. Als wisse er von den Gedanken und der Absicht, ist der Knecht ausschließlich mit der zweckmäßigen Vorbereitung der Pferde beschäftigt, um die Fahrt zu ermöglichen. Der Arzt bemerkt, daß er tatsächlich nicht besser vorbereitet und ausgerüstet sein kann, und will deshalb sofort mit dem anziehenden, schönen Gespann „fröhlich" seinem Ziel entgegeneilen, zu dem offenbar nur er selbst den Weg kennt. Aber im gleichen Augenblick wird ihm auch der Preis bewußt, den er dafür zahlen soll: Er muß Rosa, das Dienstmädchen, dann unweigerlich der sexuellen Gier des triebhaft-gewalttätigen Mannes überlassen. In seiner eindeutigen Absicht nennt der Knecht sie bereits zutraulich beim Vornamen, obwohl sie sich seiner primitiven naturmechanischen Zudringlichkeit „im richtigen Vorgefühl der Unabwendbarkeit ihres Schicksals" wohl vergeblich zu widersetzen versucht.

Die innere Zerrissenheit des Landarztes wird deutlich. Wer „mit so schönem Gespann", mit ungewöhnlichen Pferden einem höheren Ziel zustrebt, muß die unmittelbaren irdischen Reize und Verlockungen hinter sich lassen. Das Dienstmädchen und der Knecht bleiben zurück. Ohne höheres Ziel wird ihre triebhafte sexuelle Begegnung zur unabwendbaren Zwangsläufigkeit, zum Selbstzweck, der nicht mehr über sich hinausweist. Dagegen wird der Wagen mit dem Arzt zielstrebig fortgerissen, „wie Holz in der Strömung", und sein wacher Geist wird „von einem zu allen Sinnen gleichmäßig dringenden Sausen erfüllt". Diese Sinn-Erfüllung läßt ihn sofort sein Ziel erreichen: Er ist „schon dort; ruhig stehen die Pferde; der Schneefall hat aufgehört". Der erstarrenden Kälte des eisigen Winters konnte hier offenbar mit der „Axt" entgegengewirkt werden, die Kafka „für das gefrorene Meer in uns" (Br 28) bereithält. In der anteilnehmenden Begegnung mit dem Kranken sieht sich der Arzt seiner eigentlichen Aufgabe gegenübergestellt. Er steht vor einer entscheidenden Erkenntnis.

Der Hof und das Zimmer des Kranken sind in verheißungsvolles Mondlicht getaucht, das die bisherige dunkle und eisige Winternacht verdrängt. In liebevoller Anteilnahme sorgen sich die Eltern und die Schwester um den kranken Jungen und erwarten die helfende Hand, die ihn heilt und wieder gesund in den Kreis der Familie zurückführt. Aber die Luft im Krankenzimmer ist für den mit seinen ungewöhnlichen Pferden eingetroffenen Arzt „kaum atembar", das Fenster müßte aufgestoßen werden, um eine andere Welt zu erschließen; denn der hagere, nackte Kranke harrt „mit leeren Augen" des Arztes, weil er von ihm nicht die Genesung, sondern Sterbehilfe erhofft: „Doktor, laß mich sterben." Weniger das Leben als vielmehr der Tod stellt den Menschen vor seine entscheidende Aufgabe. Das ist der Bereich, der an das Überirdische grenzt, für den die Götter zuständig sind und auf den sie den Menschen ausrichten. Dann schicken sie die unbeherrschbaren Pferde, die jetzt tatsächlich „die Fenster, ich weiß nicht wie, von außen aufstoßen... und, unbeirrt durch den Aufschrei der Familie, den Kranken betrachten". Indem der Arzt diese Gedanken und Einsichten jedoch nur „lästernd" äußert, bleibt er selbst noch dem oberflächlichen Alltag verhaftet. Deshalb erinnert er sich jetzt wieder an sein Dienstmädchen, will zurück, es retten und „unter diesem Pferdeknecht" hervorziehen, um es selbst zu besitzen. In die Welt dieser vordergründigen Vorstellungen passen aber auch die unmittelbaren Erwartungen der Familie des Kranken. Infolgedessen duldet er es fast widerstandslos, daß die Schwester ihm den Pelz abnimmt, der Vater sich ihm mit einem Glas Rum anbiedert und die Mutter ihn an das Bett ihres kranken Kindes lockt.

Obwohl ein Pferd offenbar zustimmend „laut zur Zimmerdecke wiehert" und dem Arzt „in dem engen Denkkreis des Alten" und seiner begrenzten Welt Übelkeit droht, bestätigt sich ihm bei der körperlichen Untersuchung nur, was er längst weiß: „der Junge ist gesund, ... gesund und am besten mit einem Stoß aus dem Bett zu treiben." Todessehnsucht ist für den Arzt keine Krankheit, auch wenn sie den Menschen noch so sehr aus dem Leben drängt. Trotzdem läßt er den Jungen liegen. Mit der Begründung, er sei „kein Weltverbesserer" bleibt er untätig und beläßt die Welt einfach so, wie sie ist. Dieses unbeteiligte und gleichgültige Verhalten rechtfertigt er vor sich selbst mit seiner schlecht bezahlten Anstellung in seinem Bezirk, für den er — wie er glaubt — dennoch pflicht- und verantwortungsbewußt sowie „freigebig und hilfsbereit gegenüber den Armen" seinen Dienst wenigstens vorschriftsmäßig verrichtet. Er läßt jedoch keinen Zweifel daran, daß ihn dieses eintönige Leben zu Tode langweilt und nicht erfüllt. Es ist für ihn sinnlos: „Auch ich will sterben. Was tue ich hier in diesem endlosen Winter!" Diese Feststellung bedeutet für ihn eine eindeutige Absage an das irdische Dasein mit seinen Mängeln und Unzulänglichkeiten, mit der Selbstsucht und Unverständigkeit der Menschen, mit den Niederlagen, Quälereien und sinnlosen Opfern. Es fehlte nicht viel, dann hätte er in seiner anklagenden Ohnmacht sogar der Familie des Kranken seine eigene Unzufriedenheit als Verschulden vorgeworfen. Doch sie hätten ihn wohl nicht verstanden.

„Rezepte schreiben ist leicht, aber im übrigen sich mit den Leuten verständigen, ist schwer." Und diese Mühe macht er sich nicht. Sein derzeitiger mut- und ratloser Zustand ist am besten dadurch gekennzeichnet, daß er jetzt den Aufbruch des Außergewöhnlichen in seiner Bedeutung verkennt und als Zufall lächerlich macht: „Wären es nicht zufällig Pferde, müßte ich mit Säuen fahren. So ist es." Denn daß Pferde aus einem viel zu niedrigen Schweinestall kriechen, ist ungewöhnlich, im gewöhnlichen Alltag müßten es Schweine sein. Indem sich der Arzt den oberflächlichen Vorstellungen seines täglichen Lebens überläßt, in dem ihm — wie er spöttisch anmerkt — Säue als Zugtiere auf dem Weg dienen, will er jetzt unbedingt Rosa besitzen, „dieses schöne Mädchen", das er nun begehrt, weil es wenigstens eine angenehme Abwechslung in seinem trostlosen Dasein bedeutete.

Die Trostlosigkeit der hilfsbedürftigen Familie des scheinbaren Kranken bewirkt jedoch plötzlich einen entscheidenden Wandel im Verhalten des Arztes. Der in seiner Ratlosigkeit zum „Rumglas" greifende Vater, die enttäuschte, weinende Mutter und die von der schweren Erkrankung ihres Bruders überzeugte Schwester veranlassen ihn, jetzt wirklich tätig zu werden, um eine vielleicht tiefgründigere Krankheit zu erkennen. Der todbereite Junge, der ihn früher scheinbar „mit leeren Augen" angestarrt hatte, bemerkt als erster die grundlegende Veränderung und lächelt daher hoffnungsvoll, „als brächte ich ihm etwa die allerstärkste Suppe". Der Arzt ist endlich auf dem richtigen Weg, um das Wesentliche zu erkennen. „Ach, jetzt wiehern beide Pferde; der Lärm soll wohl, höhern Orts angeordnet, die Untersuchung erleichtern – und nun finde ich: ja, der Junge ist krank." Nur in ihrer Zuordnung und Ausrichtung auf den höheren Ort wird „in der Hüftgegend" des Jungen die „handtellergroße Wunde" überhaupt erst sichtbar. In der Bibel erinnert sie an Jakobs richtungweisende Begegnung mit Gott, und in seiner Erzählung „Ein Bericht für eine Akademie" verwendet Kafka sie als dichterisches Bild für die eigentliche Menschwerdung Rotpeters, der infolgedessen wie Jakob seitdem ein wenig hinkt. Wie dessen geheimnisvoller Kampf in der Nacht ist auch das Sinnbild dieser überirdischen Begegnung „dunkel in der Tiefe", aber oberflächlich und äußerlich „rosa" wie junges, atmendes Fleisch, das zugleich auf den Namen des schönen Mädchens in der Gewalt des animalischen Knechts hinweist.

Die Tiefe der Wunde offenbart jedoch die unabwendbare Vergänglichkeit allen Lebens. Die Würmer werden zum Sinnbild seiner immerwährenden Verwandlung. Sie „winden sich, im Innern der Wunde festgehalten, mit weißen Köpfchen, mit vielen Beinchen ans Licht". Von ihm „ganz geblendet" hofft der Todkranke auf seine Rettung. Aber der Arzt erkennt, daß auch der Mensch erblüht und verwelkt und zugrundegeht wie eine Blume. In diesen Werdegang kann niemand helfend eingreifen. Die Krankheit zum Tode ist ein unaufhebbares Gesetz. Trotzdem erfüllt die erkennende Tätigkeit, die den Menschen auszeichnet, jetzt die Familie und alle anderen mit unfaßbarem Glück und unbegreiflicher Hoffnung, die geheimnisvoll wie der „Mondschein" in „der offenen Tür" aufleuchtet. Der in seine eigene Tiefe hineinhorchende, todesbereite Kranke ersehnt jedoch seine Erlösung, die ihm sein Glaube früher immer verheißen hat. Aber der moderne Mensch hat die Zuversicht des alten Glaubens verloren, er hofft auf die Lösung seiner Rätsel durch die Erkenntnisse der Wissenschaft. Aber der alte Landarzt weiß, daß man damit „das Unmögliche" von ihm verlangt und ihn nur „zu heiligen Zwecken" mißbraucht, während die Priester von der ungläubigen Menge zur Untätigkeit verurteilt sind und überflüssig werden. Die Verherrlichung der Wissenschaft zur Ersatzreligion in den Gesängen eines einfältigen Schulchores ist dagegen eine ebenso billige wie risikolose Lösung. Wenn sie Erfolg hat, wird sie gefeiert, wenn sie versagt, wird sie einfach als nutzlos beiseite geschoben: „Und heilt er nicht, so tötet ihn! 's ist nur ein Arzt, 's ist nur ein Arzt." Nichts Heiliges wird dadurch verletzt. Der irrige Glaube an die Wissenschaft als Religionsersatz ist eine überzeugende Erklärung für die moderne Ehrfurchtslosigkeit.

Obwohl der alte Arzt „durchaus gefaßt und allen überlegen" bleibt, läßt er den Mißbrauch untätig geschehen. Das Bett des Kranken scheint ihn sogar zu wärmen, aber „Wolken treten vor den Mond; ... schattenhaft schwanken die Pferdeköpfe in den Fensterlöchern". Deshalb vermag der sterbende Junge diesem Arzt nicht zu vertrauen. Er fühlt sich um seine Hoffnung betrogen und erhebt gegen ihn den berechtigten Vorwurf, daß er nicht freiwillig und zielstrebig als Helfer tätig geworden ist. „Statt zu helfen, engst du mir mein Sterbebett ein." In diesem Augenblick begreift der alte Arzt sein menschliches Versagen als „eine Schmach". Mit seiner ärztlichen Hilflosigkeit kann er sich jetzt weder herausreden noch entschuldigen. Vor der „schönen Wunde", die den Menschen von Anfang an − als seine „ganze Ausstattung" − in seiner Besonderheit hervorhebt und auszeichnet, stößt alle Wissenschaft notwendig an ihre Grenzen. Der todgeweihte Mensch braucht nicht den Arzt, sondern den weisen Mitmenschen, den einsichtigen Tröster, den verständigen Freund. Tatsächlich wählt der alte Arzt jetzt die anteilnehmende und vertrauliche Anrede „junger Freund" und tröstet den Sterbenden mit der Erkenntnis umfassender Erfahrungen: „Deine Wunde ist so übel nicht. Im spitzen Winkel mit zwei Hieben der Hacke geschaffen. Viele bieten ihre Seite an und hören kaum die Hacke im Frost, geschweige denn, daß sie ihnen näher kommt." In einem vergleichbaren Bild beschwört Kafka einmal die Notwendigkeit aufrüttelnder Bücher, die uns „mit einem Faustschlag auf den Schädel" wecken und „auf uns wirken wie ein Unglück, das uns sehr schmerzt, wie der Tod eines, den wir lieber hatten als uns, . . . ein Buch muß die Axt sein für das gefrorene Meer in uns. Das glaube ich." (Br 27 f.) Wie in der Erzählung „Kleine Fabel" die Mauern des irdischen Daseins auf den Winkel zueilen, der den Tod als Ziel bedeutet, so zeigt auch die Wunde im Winkel ihrer dunklen Tiefe dem Menschen das Ziel seiner Bestimmung. Sie verheißt ihm das Aufbrechen des Frostes, den Durchbruch des Auserwählten, der die Hacke hört, die „näher kommt", um ihn zu befreien. Im Vertrauen auf seine Erlösung stirbt der Junge. Er wird still in der beruhigenden Gewißheit, den Tod hoffnungsvoll annehmen zu können.

Während der alte Landarzt dem Sterbenden tröstend und zuversichtlich Richtung und Ziel seines Lebens zu zeigen vermochte, scheint ihm selbst jetzt die ersehnte Rückkehr in den Alltag seines früheren Lebens jedoch verstellt. Es ist unmöglich, aus dem erkalteten Sterbebett des Jungen wieder unvermittelt, als wäre nichts geschehen, in das wärmende eigene oder gar das lustvolle Bett Rosas zu springen. Wer einmal in der Nähe des Todes vom sinnvollen Ziel seines Lebens berührt worden ist, kann nicht mehr unbekümmert in die Vordergründigkeiten des gewöhnlichen Alltags zurückkehren. Er weiß, daß die Dinge des Lebens als Selbstzweck sinnlos auseinanderdriften. Wer vom Ziel abläßt, verliert sich auf dem Weg und irrt umher. „Die Riemen lose schleifend, ein Pferd kaum mit dem anderen verbunden, der Wagen irrend hinterher, der Pelz als letzter im Schnee." Die Teile fügen sich nicht mehr zu einem sinnvollen Ganzen zusammen. Sie erstarren in der Leere und dem Nichts einer eisigen „Schneewüste". Der neue, moderne Gesang, der dem Menschen scheinbar hoffnungsfroh verkündet, die Wissenschaft werde alle seine Probleme lösen, kann nur als unhaltbarer Irrtum entlarvt und verworfen werden. Die verlorene Geborgenheit wird niemals mehr zurückerlangt. „Nackt, dem Froste dieses unglückseligsten Zeitalters ausgesetzt, mit irdischem Wagen, unirdischen Pferden, treibe ich alter Mann mich umher." Wer einmal in der „schönen Wunde", die den Menschen von Geburt an als etwas Besonderes auszeichnet, die Bedeutung des Sinnbildes erkannt hat, das nach Kafka in seiner „Tiefe Rechtfertigung heißt" (T 529), kann sich niemals mehr dem oberflächlichen Treiben des Alltags gedankenlos überlassen. Er wird sich von nun an bewähren und rechtfertigen müssen, um seiner Auszeichnung würdig zu sein. Von „dem beweglichen Gesindel der Patienten", von der geschäftigen, selbstsüchtigen, geistlosen Menge ist nicht einmal Anteilnahme, geschweige denn Verständnis zu erwarten. Ohne es zu wissen, sind sie die betrogenen Betrüger, die besinnungslos in der Welt der Lüge verharren. Wer aber einmal aus ihr ausgebrochen ist, erhält neue Maßstäbe, die er nicht mehr abschütteln kann. „Einmal dem Fehlläuten der Nachtglocke gefolgt — es ist niemals gutzumachen." Der Vorstoß in die unirdische Welt des Geistes läßt kein selbstzufriedenes, untätiges Verweilen im Irdischen mehr zu. „Niemand kann sich mit der Erkenntnis allein begnügen, sondern muß sich bestreben, ihr gemäß zu handeln. Dazu aber ist ihm die Kraft nicht mitgegeben, er muß daher sich zerstören, selbst auf die Gefahr hin, sogar dadurch die notwendige Kraft nicht zu erhalten, aber es bleibt ihm nichts anderes übrig, als dieser letzte Versuch." (H 49) Der Tod als erkanntes und angestrebtes Ziel, als das einzige Tor zur wirklichen und uneingeschränkten Freiheit ist für Kafka auch die einzige Rechtfertigung eines sinnerfüllten Lebens.

Die zielstrebige Todesbereitschaft bedeutet zugleich eine Abwendung von den Verlockungen des irdischen Lebens. Weil der alte Landarzt am Schluß der Erzählung aber einerseits das Todeserlebnis verdrängen möchte, um wieder in die Gewohnheiten seines Alltags zurückzukehren, andererseits diese Rückkehr gerade dadurch verstellt sieht, daß er die wohl „höhern Orts" gewährten Einsichten hatte, glaubt er sich doppelt betrogen. Die Wiederholung seines verzweifelten Ausrufs macht seine scheinbare Ausweglosigkeit deutlich. Er kann nicht mehr unbekümmert leben, will aber auch nicht sterben. Er fühlt sich „nackt" und wehrlos zwischen „irdischem Wagen" und „unirdischen Pferden" einer hilflosen Einsamkeit „ausgesetzt". Kafka selbst bezeichnet diese Zerreißprobe im Tagebuch als „die ungeheuere Welt, die ich im Kopfe habe" (T 306). Aber im Unterschied zu dem alten Landarzt nimmt er sie todesbereit auf sich; denn „er hat das Gefühl, daß er sich dadurch, daß er lebt, den

Weg verstellt" (B 292). Deshalb hält er im Tagebuch fest: „Ich habe die Beobachtung gemacht, daß ich nicht deshalb den Menschen ausweiche, um ruhig zu leben, sondern um ruhig sterben zu können." (T 416) In seiner Todesbereitschaft sieht Kafka sogar die Ursache für das „Zufriedenheits- und Glücksgefühl", das er als Dichter mitunter durchaus erlebt hat, und ist davon überzeugt, „daß das Beste, was ich geschrieben habe, in dieser Fähigkeit, zufrieden sterben zu können, seinen Grund hat" (T 448). Für ihn bedeutet die Annahme und Bejahung seines Todes nicht nur eine Rechtfertigung seines Lebens, sondern auch ein „metaphysisches Bedürfnis" (T 275), und er nennt sich selbstbewußt „weise", weil er „jeden Augenblick zu sterben bereit war" (T 272). Sich im irdischen Dasein immer wieder auf den Tod auszurichten und mit diesem Ziel sein Leben als Auftrag zu erfüllen, offenbart dem bewußt lebenden Menschen nicht nur „die ungeheuere Welt" mit ihren bis ins Unerträgliche gesteigerten, scheinbar widersinnigen Spannungen, sondern gibt ihm auch das erhebende Gefühl eines sinnvollen Getragenwerdens. „Immer nur das Verlangen zu sterben und das Sich-noch-Halten, das allein ist Liebe" (T 325), Liebe zum Leben und zum Tod als einer Einbindung des Menschen in das unbegreifliche Sinngefüge der Schöpfung!

5. Der Heizer

Freiheit und Gebundenheit in der alten und in der neuen Welt

Über seine Erzählung „Der Heizer", die bereits 1913 mit dem Zusatz „Ein Fragment" veröffentlicht wurde und später als erstes Kapitel den Amerika-Roman „Der Verschollene" einleitet, teilt Kafka Milena ein „paar Bemerkungen" mit, die für das Verständnis von richtungweisender Bedeutung sind. „Es wird der Vorgeschmack jener Höllenstrafe sein, die darin besteht, daß man sein Leben nochmals mit dem Blick der Erkenntnis durchnehmen muß" (M 21). Mit dem Geschehen der Erzählung beginnt für den jungen Karl Roßmann ein völlig neuer Lebensabschnitt. Als Opfer seiner biologischen Geschlechtsreife hatte er, verführt und unbeabsichtigt, ein Kind gezeugt. Als Opfer ihrer gesellschaftlichen Zwänge hatten seine Eltern daraufhin den Sohn aus der Einbindung in die Familie verstoßen. Unschuldig schuldig geworden wird er aus der bisherigen Gemeinschaft vertrieben und muß sich, ganz auf sich allein gestellt, einen neuen Horizont erschließen. Als das Ufer dieser neuen Welt sichtbar wird, erkennt Karl, daß es von der „Statue der Freiheitsgöttin" beherrscht ist. Im Hafen seines Ziels erstrahlt sie für ihn „wie in einem plötzlich stärker gewordenen Sonnenlicht". Und ihr erhobener „Arm mit dem Schwert" ragt ebenfalls „wie neuerdings" in „die freien Lüfte" des Himmels. Wie gebannt bleibt Karl stehen, blickt nach oben und staunt über die beeindruckende Höhe.

Das großartige dichterische Bild am Anfang der Erzählung ist zweifellos ein bedeutungsvolles Sinnbild, das nur vordergründig an die amerikanische Fackelträgerin erinnert. Kafkas Botschaften kommen aus hellstem Licht, und ihre Künder tragen Schwerter. In seinem Tagebuch beschreibt er einmal, wie sich in dem Licht der aufbrechenden Zimmerdecke eine Erscheinung vorbereitet, von der er seine Befreiung erwartet: „Noch aus großer Höhe ... senkte sich im Halbdunkel langsam ein Engel ... herab, das Schwert im erhobenen Arm ... Jetzt wird er zu mir sprechen" (T 406). Das erhobene Schwert wirkt wie eine Kampfansage. Sie bedeutet die Herausforderung des Menschen zur bewußten Auseinandersetzung mit sich und dem Leben. Das ist die richtungweisende Botschaft seiner Befreiung, die auch Karl Roßmann aus dem Licht der Freiheitsgöttin erhält. Nach seinem unbeabsichtigten Sündenfall und seiner dadurch bedingten Vertreibung aus den gewohnten Zusammenhängen muß er von nun an im Bewußtsein seiner Freiheit selbst alle Entscheidungen treffen und auch die Verantwortung dafür übernehmen. Sein neuer Lebensabschnitt beginnt mit der Aufgabe, „sein Leben nochmals mit dem Blick der Erkenntnis durchnehmen" zu müssen und beendet dadurch endgültig die Kindheit.

Während der überwältigende Eindruck der Freiheitsgöttin Karl staunend verharren läßt, hasten alle übrigen wie eilige Gepäckträger geschäftig an ihm vorüber und schieben ihn allmählich aus ihrem Weg. Als er dann aber glücklich, übermütig und kraftstrotzend mit seinem Koffer in diesen Strom der Menge eintauchen will, merkt er „bestürzt, daß er seinen Regenschirm unten im Schiff vergessen hatte". Es ist auffällig, wie leichtfertig Karl nun einem nur flüchtig Bekannten den Koffer überläßt, um wegen des Schirmes wieder ins Innere des Schiffes zu eilen. Die künstlerische Aufspaltung seiner bisherigen Habe hat offenbar eine tiefere Bedeutung. Obwohl er zunächst noch darauf bedacht ist, „sich bei der Rückkehr zurechtzufinden", merkt er bald, daß er sich in dem ihm doch scheinbar vertrauten Schiff nicht mehr auskennt. Gewohnte Wege sind plötzlich „zum erstenmal versperrt", endlose Treppen und Korridore, „ein leeres Zimmer mit einem verlassenen Schreibtisch" verwirren ihn, weil er bisher gedankenlos „und immer in größerer Gesellschaft gegangen war". Von ihr bleibt ihm aber jetzt nur noch „das Scharren der tausend Menschenfüße", die er teilnahmslos über sich hinwegschlurfen hört. Völlig ratlos und auf sich allein gestellt, fängt „er, ohne zu überlegen, an eine beliebige kleine Tür zu schlagen an, bei der er in seinem Herumirren" zufällig stockt. In derselben Situation stößt der verzweifelte Landarzt „mit dem Fuß an die brüchige Tür des schon seit Jahren unbenützten Schweinestalles" (E 146). Und ebenso wie er, muß nun auch Karl als „der trostloseste Mensch zugeben, es kann erfahrungsgemäß aus Nichts etwas kommen" (T 563). „Mit ehrlichem Aufatmen" vernimmt er „von innen" die erlösende und einladende Mitteilung: „Es ist ja offen". Die nachdrückliche Aufforderung: „Aber kommen Sie doch herein! . . . Sie werden doch nicht draußen stehn!" offenbart die Richtung von Karls neuer Entwicklung. Sein Weg führt ihn von außen nach innen, aus dem zufälligen Nebeneinander in der Menge der vielen zu der bewußten, persönlichen Begegnung. Hatte er in der bisherigen Betriebsamkeit des Alltags, in die er völlig eingebunden war, das verwirrende Ausmaß des Schiffes nicht einmal bemerkt, wird es ihm jetzt in seiner Verlorenheit geradezu „schrecklich" deutlich. Deshalb erscheint ihm die im Schatten des Tageslichts liegende „klägliche Kabine" mit den nur notwendigen Einrichtungsgegenständen wie ein kleiner, anheimelnder Hafen der Zuflucht und Zutraulichkeit. Sie wird für ihn zu einem Ort der Verwandlung und des Neubeginns.

Das wiederholte, freiwillige Schließen „eines kleinen Koffers" stellt formal die Beziehung zu Karl und seiner unfreiwilligen Reise her. Darüber hinaus verraten seine vorsichtig tastenden Fragen, wie sehr ihm daran gelegen ist, dem unbekannten Mann näherzukommen und sein Vertrauen zu gewinnen. Zunächst muß er sich jedoch fast grob darüber belehren lassen, daß von draußen nichts zu erwarten ist. Unbewußt liefert Karl dafür sogar selbst die Begründung: „der Gang ist doch ganz leer". Dieser Leere kann der Mensch aber nur durch seine Verinnerlichung entgegenwirken. Dabei erweist sich die scheinbare Einengung in Wirklichkeit als die eigentliche Befreiung: „Legen Sie sich doch aufs Bett, da haben Sie mehr Platz". In der Bildersprache Kafkas ereignet sich sehr häufig im „Bett" als einem Ort der Besinnung und Muße die entscheidende Veränderung. Es sei nur an die Verhaftung Josef K. s und die Verwandlung Gregor Samsas erinnert. Jetzt bedeutet die Bereitschaft Karl Roßmanns, in dieser Intimsphäre gegenüber dem anderen Menschen seine „Geheimtasche" zu öffnen, einen Beweis uneingeschränkten Vertrauens. Während der Unbekannte sich dadurch allmählich zum Freund entwickelt, wird der nur flüchtige Zufallsbekannte der Reise zu „einem fremden Menschen", in dessen Händen auch Karls Koffer zwangsläufig an Bedeutung verliert. Dem Freund ist die Geheimtasche, dem Fremden der Koffer zugeordnet. Hatte Karl anfangs den Regenschirm vergessen, um bei seiner Suche den Freund zu finden, so vergißt er in dessen Nähe den Koffer. In dem Spannungsfeld zwischen diesen beiden Sinnbildern wurzelt Karls Verunsicherung. Seine Überlegung, „ich sollte mich vielleicht an diesen Mann halten, ... wo finde ich gleich einen besseren Freund", kommt aber bereits einem Bekenntnis gleich und läßt sein Wunschdenken erkennen. Karl sucht inneren Halt und persönliche Ausrichtung.

Das Alleinsein und der Verlust des Koffers sind offenbar die Voraussetzungen dafür, daß der Freund für „Karls Sache jetzt einiges Interesse" zeigt und damit beginnt, dessen irrige Ansichten zu berichtigen. Zunächst muß er seinem Schützling klarmachen, daß mit seiner Reise eine völlige Veränderung seiner bisherigen Wertvorstellungen erfolgt ist, indem „mit den Hafenplätzen auch die Sitten" wechseln. In Hamburg hätte der Koffer bestimmt seine Bedeutung behalten, die er in New York ebenso sicher verloren hat. Karls Zweifel an diesen Belehrungen werden wie bei einem uneinsichtigen Kind entschlossen zurückgewiesen. Mit der Begründung, sein Verhalten habe „keinen Sinn", stößt der Freund „ihn mit einer Hand gegen die Brust, geradezu rauh, ins Bett zurück", denn er erkennt, daß Karl sich in seiner neuen Welt allein noch nicht zurechtfindet. Deshalb nötigt er ihn, vorerst in der Kabine zu bleiben, und überlistet ihn dazu mit dem überzeugenden Gedanken, „daß auf dem leeren Schiff seine Sachen am besten zu finden sein würden". Trotz der zwingenden Logik dieses Beweises bleibt Karl jedoch mißtrauisch. Er ahnt „einen verborgenen Haken" und atmet erst erleichtert auf, als sein Freund sich als der „Schiffsheizer" zu erkennen gibt, denn das ist endlich der Beweis für seine tieferen Einsichten und überlegeneren Kenntnisse. Als übertreffe diese Offenbarung „alle Erwartungen" Karls, ist er jetzt auch bereit, sich dem Heizer vorbehaltlos zu öffnen und anzuvertrauen. Dadurch kann von nun an ihr Gespräch vertieft werden und auf das Wesentliche abzielen.

Karl gesteht zunächst, daß er während der Überfahrt aus seiner Schlafkammer durch „eine Luke ... in den Maschinenraum sehen konnte" und weil er sich „immer so für Technik interessiert" habe, wäre er gerne „später Ingenieur" geworden. Er hatte also bisher gehofft, seine Zukunft und sein Leben als ausgebildeter Techniker verstandesmäßig und wissenschaftlich gestalten zu können. Aber durch die Notwendigkeit, nach Amerika fahren zu müssen, war dieser Plan zerronnen. Die Ursache für diesen Zwang war zweifellos sein unbewußter, persönlicher Sündenfall bzw. die hiernach erwachte eigene Erkenntnis. Weil jedoch der Zusammenhang dieses Verfehlens mit der Urschuld des Menschen ein kaum erklärbares Geheimnis bleibt, bittet Karl den Heizer freundlich, aber unausgesprochen „für das Nichteingestandene um seine Nachsicht". Indem der Freund ebenfalls von einem tieferen Grund überzeugt ist, läßt auch er ahnungsvoll das Geheimnis auf sich beruhen. Aufschlußreicher ist dagegen das Bekenntnis Karls, nach der entscheidenden Veränderung nun selbst Heizer werden zu können. Die Wesensmerkmale seiner Verwandlung widerspiegeln sich demnach auch in den unterschiedlichen Voraussetzungen für die Tätigkeiten eines Ingenieurs und eines Heizers. Während die eine Laufbahn mit großer Ausdauer und praktischem Verstand zweckmäßig und zielstrebig erarbeitet werden muß, ist in dem anderen Fall Karrieredenken ausgesprochen hinderlich: „Sie denken wahrscheinlich nicht ernstlich daran, Heizer zu werden, aber gerade dann kann man es am leichtesten werden." Es handelt sich dabei offenbar weniger um einen Beruf als um eine vorhandene innere Veranlagung, die sich entfaltet und bewußt wird. Daß Karls Eltern diese Entwicklung ihres Sohnes „ganz gleichgültig" läßt, ist für sie bezeichnend, wenn auch aus ihrer Sicht verständlich; denn selbst der Freund empfiehlt ihm lieber ein erfolgversprechendes Ingenieur-Studium an „amerikanischen Universitäten", die sogar noch „unvergleichlich besser als die europäischen" sind, als Heizer zu werden, weil er die damit aufbrechenden Schwierigkeiten, die das alltägliche Leben außerordentlich belasten, selbst erfahren hat und genau kennt.

Aber wie der Heizer schon früher immer wieder freiwillig seinen Koffer schloß, „um das Einschnappen des Riegels zu behorchen" und die

Möglichkeit eines Aufbruchs zu prüfen, so verkündet er jetzt ebenso selbstbewußt seinen freien Entschluß, seine berufliche Stelle auf diesem Schiff aufgeben zu wollen; und im Wohlbehagen der dadurch bewiesenen Freiheit wirft er „die Beine ... aufs Bett hin, um sie zu strecken". Doch Karl erweist sich ihm erstmals als ebenbürtig, indem er sich von der Empfehlung des Freundes nicht abschrecken läßt und entschlossen erklärt, er fühle sich nicht imstande, sein Leben mit ausdauernder Lernarbeit und schulischer Wissenserweiterung scheinbar erfolgreich und im Interesse der Gesellschaft zu verbringen. Statt dessen lehnt er sich gegen ungerechtfertigte Vorurteile und die Einschränkung der persönlichen Entfaltung auf. Ihm scheint, daß in der modernen Welt derjenige ein Fremder bleibt, der sich nicht zweckbestimmt verplanen und reibungslos in den maschinenmäßigen Lebensbetrieb einfügen läßt. Das sind aber Ansichten, die der Heizer als eine Bestätigung seiner eigenen Erkenntnisse geradezu herbeigesehnt hat: „Haben Sie das auch schon erfahren?" atmet er erleichtert auf: „Na, dann ist's gut. Dann sind Sie mein Mann." Jetzt ist erst das Vertrauensverhältnis hergestellt, das es auch dem Heizer ermöglicht, seine persönlichen Sorgen mit Karl zu teilen. Er fühlt sich nämlich von dem ausschließlich zweckbestimmten, unpersönlichen Obermaschinisten zutiefst verkannt und entwürdigt. Der Unterschied in der Nationalität ist dabei lediglich das künstlerische Mittel, die unüberbrückbaren Schwierigkeiten einer Verständigung zu verdeutlichen. Wesentlicher ist dagegen der maschinenmäßig ablaufende Dienst auf dem Schiff, „wo alles nach der Schnur eingerichtet ist, wo kein Witz gefordert wird", wo die originelle Persönlichkeit nicht zählt. Nach Kafkas Überzeugung ist jedoch „jeder Mensch ... eigentümlich und kraft seiner Eigentümlichkeit berufen zu wirken" (H 227). Wenn der Heizer also seine bisherige Auszeichnung als Mensch und damit den eigentlichen Auftrag seines Lebens bedroht sieht, muß er sich mit allen Kräften dagegen zur Wehr setzen. Auch Karl ist sich dessen plötzlich ganz sicher. „Das dürfen Sie sich nicht gefallen lassen", rät er beschwörend dem Freund, als kämpfe er jetzt beherzt für seine eigene Überzeugung. Er fühlt sich auf dem richtigen Weg, „so heimisch war ihm hier auf dem Bett des Heizers zumute", denn er hat sich mit seinem einsatzbereiten Verhalten zur Wahrheit, zur Gerechtigkeit und zur Würde des Menschen bekannt.

Karls richtige Einsichten und guten Ratschläge scheinen aber den lebenserfahrenen und leidgeprüften Heizer nicht zu ermutigen. Die Anteilnahme eines Freundes hatte ihm zwar gutgetan, aber zum tatkräftigen Eingreifen fühlt er sich zu schwach. Müde gibt er auf und überläßt sich erschöpft der Härte der alltäglichen Wirklichkeit. Dadurch verflacht jedoch auch schnell Karls erstes mutiges Aufbegehren. Er erinnert sich wieder an seinen Koffer und mit diesem Sinnbild an die eigentlich schon entrückte Welt seiner Eltern. Deshalb lenkt er nun auch seine Aufmerksamkeit wieder auf sein äußeres Erscheinungsbild, das „gerade am Beginn seiner Laufbahn" eine gute Starthilfe sein könnte. Doch trotz dieses Rückfalls in seine alte vordergründige Vorstellungswelt gibt Karl im Gegensatz zu früher jetzt erstmals zu, daß „der Verlust des Koffers nicht gar so arg" ist und er seinen Inhalt gut entbehren kann. Wenn er allerdings dann glaubt, mit der verlorenen Wurst den verzweifelten Heizer trösten zu können, verfällt er ganz der oberflächlichen Gesinnungsart seines Vaters, „welcher durch Zigarrenverteilung alle die niedrigeren Angestellten gewann, mit denen er geschäftlich zu tun hatte". Doch diese kleinen und wirksamen Kunstgriffe des Alltags verfangen nun nicht mehr, und Karl erscheint es inzwischen unbegreiflich, „warum er den Koffer während der Fahrt so aufmerksam bewacht hatte", wenn diese Anstrengung letztlich ebenso ermüdend wie nutzlos war. Es ist jedoch aufschlußreich, daß ihm in dieser Zeit nur die „Unruhe des Auswanderers" und das Licht einer ungewissen Zukunft ein wenig Kraft bewahrt haben. Kafka gestaltet diese Kraftquelle in dem widersprüchlichen Bild, in dem Karl bei Licht „ein wenig eindämmern" kann, während er im Dunkeln „die Augen offenhalten" muß. Jedes menschliche Leben ist sinnlos vertan, wenn es sich nur gedankenlos in den Gewohnheiten und Oberflächlichkeiten des Alltags verbraucht. Deshalb bedarf es immer eines weiterreichenden Hoffnungsschimmers.

Tatsächlich hat die Erzählung „in diesem Augenblick" einen Wendepunkt erreicht. Er wird durch „kleine kurze Schläge, wie von Kinderfüßen", eingeleitet, die sich zu dem ruhigen „Marsch von Männern" steigern und ein „Klirren wie von Waffen" hören lassen. Karl, der sich von allen Sorgen um seinen Koffer wieder befreien und dafür im Bett des Heizers ausstrecken konnte, wird davon sofort wachgerüttelt. Aber auch sein Freund ist von neuer Kraft erfüllt und erklärt selbstbewußt und tatendurstig: „Jetzt ist alles fertig und wir können gehen." Es mutet beinahe kindlich-hoffnungsvoll an, wenn nun die beiden Freunde Hand in Hand mit dem „Muttergottesbild von der Wand über dem Bett" als Talisman die heimische Geborgenheit der kleinen Kabine verlassen, um die ungerechte Welt mutig und entschlossen herauszufordern. Das Bild von der vergeblich niedergetretenen Ratte muß jedoch als ein bereits düsteres Vorzeichen angesehen werden. Dennoch widerstehen die beiden zielstrebigen Männer zunächst den Verlockungen und Ablenkungen kokettierender Mädchen und dringen auch ungehindert in die verschwenderisch eingerichteten Räumlichkeiten der Reichen und Mächtigen ein, wo „man jetzt vor der großen Schiffsreinigung die Trennungstüren ausgehoben hatte". Denn in der Erkenntnis des Guten und Bösen sind alle Menschen gleich, und das Gericht darüber wird infolgedessen auch keine Unterschiede zulassen. Die hohen Erwartungen werden von dem feierlichen Geläut einer kleinen Glocke „immerfort" begleitet.

Das erhebende Gefühl trägt die beiden Männer auch noch, wenn sie „respektvoll", aber „ohne Furcht" das Büro der Herren betreten. Die Fenster des Zimmers öffnen dem Blick die Weite des Meeres und seiner Wellen, so daß Karl bei seiner „Betrachtung ihrer fröhlichen Bewegung" ergriffen das Herz schlägt. Flaggen und Salutschüsse unterstreichen das feierliche Gewoge und die bedeutungsvolle Schwere der Schiffe. Selbst Kriegsschiffe verlieren in diesem beglückenden und lebensfrohen Umfeld ihre Bedrohlichkeit und leuchten „strahlend mit dem Reflex ihres Stahlmantels" in versöhnlicher Schönheit auf. Karl wähnt sich dem pulsierenden Leben der neuen, modernen Welt, dem beeindruckenden Stadtbild New Yorks gegenübergestellt, das ihn mit den „hunderttausend Fenstern seiner Wolkenkratzer" herausfordernd ansieht. „Ja, in diesem Zimmer wußte man, wo man war" und wer man ist. Karl steht selbstbewußt und tatkräftig vor einer entscheidenden Bewährungsprobe. Er wird dieser wartenden Welt jetzt mutig die Stirn bieten und in der unpersönlichen, zweckmäßigen Abwicklung aller Dinge sowie in dem rücksichtslosen, selbstsüchtigen Karrieredenken der Menschen Gerechtigkeit und Menschenwürde einklagen.

In dem Büro der sogenannten Herren begegnen Karl und der Heizer einer Welt, die von vielerlei Uniformen, Rangordnungen, hochaufgeschichteten Dokumenten, Akten und aneinandergereihten, „großen Folianten ... auf einem starken Bücherbrett in Kopfhöhe" geprägt ist. Selbst der Herr in Zivil, der sich mit dem orden- und säbelgeschmückten Kapitän unterhält, trägt wenigstens noch „ein dünnes Bambusstöckchen, das ... auch wie ein Degen abstand". Die geschäftige Betriebsamkeit in dieser Bürowelt, die sich hauptsächlich vor zwei der drei Fenster abspielt, wird von Kafka sogar hörbar gekennzeichnet, indem einer der Beamten ein erdverbundenes, fast ununterbrochenes, „kleines Geräusch mit den Zähnen" verursacht. Karl und der Heizer fühlen sich jedoch am stärksten von dem leeren dritten Fenster angezogen, das ihnen „den besten Ausblick" ins Freie gewährt. In der Enge des Bürobetriebs scheinen sie dagegen mit ihrem Anliegen nur zu stören. Tatsächlich befiehlt der empörte Oberkassierer seinem unterwürfigen Diener auch sofort, den Störenfried „aus dem Zimmer" zu verweisen. Dem dadurch maßlos enttäuschten Heizer bleibt in seiner scheinbaren Ohnmacht lediglich noch ein verzweifelter Blick auf Karl, „als sei dieser sein Herz, dem er stumm seinen Jammer klage". Weil er aber gerade auch in der Tiefe seines Herzens getroffen wird, bäumt sich Karl umgehend auf und beginnt „ohne weitere Besinnung" zu handeln. Der in seinem innersten Wesen verletzte Mensch ist verpflichtet, seine Würde gegen die herzlose und selbstgefällige Welt der Bürokratie ebenso beherzt zu verteidigen, auch wenn er in deren Augen dabei als störendes und lästiges „Ungeziefer" erscheint.

Karls entschlossenes Auftreten läßt sofort „das Zimmer lebendig" werden und erweckt insbesondere die Aufmerksamkeit der „hohen Herren". Der Oberkassierer macht sogar „eine große

Rechtswendung". Formalitäten werden nebensächlich, wenn Karl jetzt bereitwillig seine „Geheimtasche" öffnet und sich ausweist, um dann persönlich für die Gerechtigkeit einzutreten, indem er höflich, aber bestimmt das „Unrecht" anprangert, das seinem Freund widerfahren ist. Er wählt seine Worte geschickt und behutsam, beschränkt sich auf das Wesentliche und richtet sie „an alle Herren" in der Hoffnung, „daß sich unter allen zusammen ein Gerechter" befindet. Karls kindliche Überzeugung vom notwendigen Sieg des Guten läßt ihn keineswegs die Schwierigkeit des Weges verkennen. Er weiß, daß er nur auf die persönliche Hilfe einzelner hoffen kann und daß selbst dabei noch alles vom guten und gesitteten Benehmen abhängt. Manchmal gibt es sogar unerwartete und scheinbar unerklärliche Erschwernisse: „Im übrigen hätte er noch viel besser gesprochen, wenn er nicht durch das rote Gesicht des Herrn mit dem Bambusstöckchen beirrt worden wäre". Durch diese Beeinträchtigung wird erstmals seine besondere Beziehung zu diesem Herrn „in Zivil" angedeutet, der hier bereits Karls selbstlosen Einsatz für die Gerechtigkeit dämpft und einschränkt. Die tiefere Ursache für diesen Einfluß wird jedoch erst später offenbart.

Der weitere Verlauf der Handlung wird dagegen zunächst von dem Eindruck bestimmt, den die mutige und ehrliche Rede Karls beim Kapitän geweckt hat; denn dieser ist hiernach offenbar entschlossen, sich das Anliegen des Heizers anzuhören. Daran vermögen auch die rüden Vorwürfe und Anschuldigungen des Oberkassierers nichts mehr zu ändern, die im übrigen alle darauf abzielen, daß in einer bürokratischen Rangordnung immer nur der unmittelbare Vorgesetzte allein zuständig ist. „Wie oft hat man Ihnen im guten gesagt, daß Schubal Ihr unmittelbarer Vorgesetzter ist, mit dem allein Sie sich als ein Untergebener abzufinden haben!" Nach den Vorstellungen des Oberkassierers wird der einzelne Mensch unfreiwillig als zweckmäßiger Bestandteil in den Mechanismus des Ganzen eingefügt und verliert jeglichen Eigenwert. Das Einzigartige der menschlichen Persönlichkeit ist dabei nicht gefragt und muß verkümmern. Infolgedessen kann auch das Leben des Einzelnen nicht mehr als persönlich zu verantwortende Aufgabe verstanden werden. Es ist keine Bewährungsprobe, um einer Erlösung würdig zu werden. Da aber Kafka von dem persönlichen Eingang jedes Einzelnen zum Gesetz überzeugt ist und seine einzige Sorge dieser „geistigen Existenzbehauptung" (H 204) gilt, muß er jede Bedrohung der menschlichen Persönlichkeit entschieden zurückweisen. Nur weil sich der einflußreichere Kapitän bereits eingeschaltet hat, vermag der junge, beherzte Karl seine berechtigte Empörung über die menschenverachtenden Ansichten noch „mit Gewalt" zu zügeln.

Das Verantwortungsbewußtsein einer eigenständigen Persönlichkeit hat allerdings nichts mit den willkürlichen Eigenmächtigkeiten eines Amtsträgers zu tun. Da aber der umsichtige Kapitän die Selbstherrlichkeiten Schubals bereits kritisch beurteilt, glaubt Karl hoffnungsvoll, alles sei „auf dem richtigen Wege". Doch dann muß er die bittere Erfahrung machen, daß es nicht genügt, aus einem „grenzenlos empörten Innern heraus" (27) ungeübt nach Gerechtigkeit zu verlangen. Trotz seines berechtigten Anliegens scheitert der Heizer an seiner eigenen Unfähigkeit, die anderen von seinem Recht zu überzeugen. Zum Schluß bleibt ihm nur die Anteilnahme des Dieners, „der von den Leiden des unter die Großen gestellten armen Mannes einen Teil" mitfühlt. Ansonsten ist seinen „vielen Reden nichts Eigentliches" zu entnehmen. Er redet sich zwar „in Schweiß", aber kann „die Papiere ... mit seinen zitternden Händen nicht mehr halten". Was er hervorbringt, ist zuletzt „nur ein trauriges Durcheinanderstrudeln" aller seiner Klagen. Die tiefe innere Erschütterung des ungeschickten einfachen Mannes bleibt ohne Verständnis und verliert sich allmählich im Unwesentlichen. Seine Zuhörer beginnen sich geistesabwesend zu langweilen, und sein Feind ahnt bereits, „gewonnenes Spiel zu haben". Ein Blick aus dem Fenster auf „das Hafenleben" verdeutlicht die inzwischen eingetretene Veränderung: Ein vorüberziehendes Lastschiff erzeugt „in dem Zimmer fast Dunkelheit". In „dem ruhelosen Wasser" tauchen eigenwillige Dinge selbständig auf, werden wieder überschwemmt und versinken. Die Passagiere, in Boote „hineingezwängt", beobachten „still und erwartungsvoll" die „wechselnden Szenerien ... Eine Bewegung ohne Ende, eine Unruhe, übertragen von dem unruhigen Element auf die hilflosen Menschen und ihre Werke!" Hatte der Hafen früher ein Bild feierlich erhebender Weite geboten, so widerspiegelt er jetzt nur noch bedrückende Enge und eine wechselhafte Unbeständigkeit, der die Menschen hilflos ausgesetzt sind. Hier scheint es keinen zuverlässigen Halt mehr zu geben.

Inmitten der allgemeinen Eile und Betriebsamkeit glaubt Karl in der „Ruhe des Kapitäns", der offenbar „ein guter Mann" und ein „gerechter Vorgesetzter" ist, noch einen Hoffnungsschimmer erkennen zu können. Deshalb schaltet er sich umgehend ein und wird tätig. Im Gegensatz zu seinem ehrlichen, aber hilflosen Freund bemüht er sich allerdings, geschickt zu taktieren und scheut dabei nicht einmal vor einer Lüge zurück, weil er sich davon in der Welt seiner Zuhörer eine größere Wirkung verspricht. Dieses angepaßte Verhalten entfremdet ihn jedoch wiederum dem Heizer, der „mit seinen Augen, die ganz von Tränen der beleidigten Mannesehre, der schrecklichen Erinnerungen, der äußersten gegenwärtigen Not verdeckt" sind, den Freund kaum noch wiedererkennt. In seinem Innersten tief verletzt, ist er weder bereit noch fähig, „jetzt plötzlich seine Redeweise" zu ändern, um bloßen Äußerlichkeiten gerecht zu werden. Während Karl in dieser einfältigen Geradlinigkeit das „Zeichen des Endes jeder Hoffnung" fürchtet, muß ihn der aufrichtige Mann mißverstehen. Er bleibt sich selbst treu, gerät darüber aber auch noch in einen Streit mit seinem einzigen Freund. Alle anderen haben sich bereits „empört über den nutzlosen Lärm" abgewandt oder sind „schon gänzlich abgestumpft gegen den Heizer, ja von ihm angewidert". Der nur auf seine Gerechtigkeit bedachte Mann gerät in eine hoffnungslose Vereinsamung und wird in dem geschäftigen Alltag der anderen allmählich zum lästigen Störenfried. Seine völlige Ohnmacht treibt ihn daher zwangsläufig in die Verzweiflung. „Außer Rand und Band" droht er jegliche Kontrolle über sich zu verlieren, so daß Karl, der ihm nach wie vor „ein Freundeslächeln" bewahrt und von seinem Recht überzeugt bleibt, schon verständnisvoll Gewalttätigkeiten nachsehen würde. Aber sie hätten den guten Mann nur seinen Feinden zu einem aussichtslosen Kampf ausgeliefert, denn ihrer bürokratisch durchorganisierten Welt wäre es leicht gefallen, sein Unrecht sofort zu ahnden.

Bevor die Verzweiflung und Vernichtung des Gerechten jedoch ihren Höhepunkt erreichen, leitet Kafka eine neue Entwicklung in der Erzählung ein, indem „der doch so uninteressierte Herr mit dem Bambusstöckchen" plötzlich seine ganze Aufmerksamkeit auf Karl richtet. Als werde dadurch dem Heizer der letzte Freund entzogen, wird nun der Platz frei für den Auftritt seines ärgsten Feindes. Die dichterischen Bilder gleiten kunstvoll und beinahe unmerklich ineinander über. Dabei stellt „der Herr in Zivil" die Weichen und drängt sich bereits hier zwischen Karl und den Heizer, dessen Leben nur noch in der ohnmächtigen Wut seiner geballten Fäuste besteht. Um so leichter fällt es dagegen seinem uniformierten „Feind, frei und frisch im Festanzug" zum letzten entscheidenden Schlag auszuholen. Trotz früherer Einschränkungen ihm gegenüber meinen nun die anderen, Schubal kenne als einziger Mittel und Wege, um sie von dem Heizer zu erlösen. Denn inzwischen hat sich dessen eingeklagte Gerechtigkeit für alle in unerträgliche „Widerspenstigkeit" verwandelt. Angesichts der unüberwindbaren Übermacht seiner triumphierenden Feinde wirkt der Heizer „vollständig kampfunfähig"; sein Innerstes scheint ausgelöscht. „Die Luft verkehrte durch den offenen Mund, als gäbe es innen keine Lungen mehr, die sie verarbeiteten." Der hilflose Mann fühlt sich um die Hoffnung seines Lebens betrogen und versinkt in untätige Gleichgültigkeit.

Im Gegensatz zu seinem entmutigten Freund glaubt Karl tatsächlich „vor einem höheren Forum" noch immer an den Sieg der Gerechtigkeit, der die ihm „zukommende Wirkung auch vor den Menschen nicht verfehlen" kann. In seinem Innersten weiß er, daß Schubal falsch spielt, und deshalb wird er aufmerksam darauf bedacht sein, ihm seine „Schlechtigkeit" nachzuweisen. Karl will sich dieser Aufgabe nicht so „heillos unvorbereitet" stellen wie sein einfältiger Freund, sondern sie mit der ermutigenden Kraft seines Verstandes auf sich nehmen und lösen, indem er bis zum endgültigen Sieg des Guten zu kämpfen entschlossen ist. In dem erhebenden Gefühl, mit dieser Entscheidung auf dem richtigen Weg zu sein, überläßt er sich einem beglückenden

Wunschtraum: Er ersehnt sich die Versöhnung mit seinen Eltern, denn er glaubt, jetzt als guter Sohn ihre Anerkennung und ihr Lob zu verdienen. Seinen selbstlosen Einsatz für „das Gute" empfindet er als eine Wiedergutmachung seines persönlichen Sündenfalls, die ihm eine Rückkehr in die Geborgenheit und Liebe der Familie ermöglicht und die erträumte Erfüllung verschafft. Aber Karl weiß, daß er sich nur einem schönen kindlichen Wunschdenken überlassen hat und ruft sich selbst in die Wirklichkeit zurück: „Unsichere Fragen und ungeeignetster Augenblick, sie zu stellen!" Trotzdem hat ihm der Traum den Blick für die bevorstehenden Ausführungen Schubals geschärft. Er wird sie scharfsinnig durchschauen und bloßstellen.

Während die anderen erleichtert und gedankenlos Schubals Worte in sich aufsaugen, als hörten sie durch diese „klare Rede eines Mannes ... zum erstenmal nach langer Zeit wieder menschliche Laute", entdeckt und entlarvt Karl die „Löcher" in dem fein gesponnenen Lügennetz, von dem schließlich nichts mehr übrigbleibt als seine „Gaunerei, nichts als Gaunerei!" Wenn aber die Welt so leicht zu täuschen ist, daß sie die Lüge nicht nur duldet, sondern auch „noch als richtiges Benehmen" anerkennt, wenn sie nichts mehr fürchtet als die „klare Urteilskraft", dann bedarf sie dringend der „Aufrüttelung. Also, Karl, rasch, nütze wenigstens die Zeit aus, ehe" die Nebensächlichkeiten wieder das Wesentliche überlagern und schließlich vergessen lassen! Aber gerade der „nebensächlichen Frage", die den Heizer erledigt und Schubal in den Vordergrund rückt, fällt Karl jetzt selbst zum Opfer. Er glaubt zwar noch, „es sei im Interesse der großen Hauptsache", wenn er sich der ablenkenden Frage nach seinem Namen durch eine kurze Antwort entledigt, löst dadurch aber in Wirklichkeit die Entwicklung aus, die von nun an das ganze Geschehen beherrschen wird.

Der „Herr in Zivil" oder „mit dem Bambusstöckchen" erkennt in Karl seinen Neffen und ist selbst „der Senator Eduard Jakob", der sich ihm nun umgekehrt als sein Onkel zu erkennen gibt. Die für Karl überraschende Begegnung mit einem Verwandten verändert für ihn auf dem Schiff umgehend alle Maßstäbe. Während er zunächst noch „stumm" und „gänzlich ungerührt" alles über sich ergehen läßt, um die Folgen zu bedenken, „welche dieses neue Ereignis für den Heizer haben dürfte", bedrängt ihn der Kapitän, statt dessen sein unverhofftes „Glück" und die Gunst der Stunde zu begreifen, die ihm jetzt „eine glänzende Laufbahn" verheißt. Das ist eine Werteverschiebung, die den Heizer und sein Gerechtigkeitsbedürfnis aus dem Mittelpunkt verdrängt. Von nun an stehen das Karrieredenken und der äußere Erfolg, das gesellschaftliche Ansehen, die höflichen Gepflogenheiten und gegenseitigen Verbeugungen im Vordergrund. Der Senator, der seine persönlichen Gefühle kurz und gesittet vor den anderen zu verbergen versteht, kann sich „von seinem Erholungsposten vom Fenster munter" wieder in die Gesellschaft begeben, um sie gut gelaunt „an einer kleinen Familienszene" teilhaben zu lassen. Es spricht für Karl, daß er sich trotz alledem mehr darüber freut, wie „in die Figur des Heizers das Leben zurückzukehren" beginnt. Seine innere Verbundenheit mit dem Wesen des Freundes bildet zweifellos ein tiefgreifendes Gegengewicht zu der modernen Vordergründigkeit, in der sein Onkel nun Karls Vergangenheit darzulegen und zu erklären versucht. Die familiäre Zusammengehörigkeit verdeckt dabei keineswegs den grundlegenden Unterschied zwischen der alten und der neuen Welt, denn der Onkel betont ausdrücklich, sich von seinen „europäischen Verwandten vollständig getrennt" zu haben. Diese bewußte Abkehr vom Herkömmlichen erleichtert es ihm, das Verhalten von Karls Eltern rücksichtslos bloßzustellen. Sie haben nach seiner Meinung ihren Sohn „einfach beseitegeschafft . . ., wie man eine Katze vor die Tür wirft, wenn sie ärgert", indem sie ihn „nach Amerika haben transportieren lassen, mit unverantwortlich ungenügender Ausrüstung". Karl wurde demnach von seinen Eltern wie ein Tier oder eine Sache abgeschoben und das alles nur „zur Vermeidung der Alimentenzahlung und des Skandals". Aus diesen Gründen macht ihnen der Onkel durch sein vermeintlich „offenes Wort" den Vorwurf, kleinbürgerlich-verlogen, geldgierig, egoistisch, verantwortungslos und unmenschlich zu sein. Dagegen bedeutet für ihn selbst Karls Fehltritt die natürlichste Sache der Welt und ist deshalb bereits im vorhinein entschuldigt. Seine moderne Auffassung der Dinge scheint einleuchtend.

Karls einschränkende Bedenken gegenüber den Ausführungen des Onkels lassen jedoch aufhorchen: „Ich will nicht, daß er alles erzählt. Übrigens kann er es ja auch nicht wissen." Dadurch versucht er einerseits, ein vielleicht unerklärliches Geheimnis zu bewahren, andererseits bemerkt er bei seinem Onkel offenkundige Wissensmängel. Infolgedessen vermag der ansonsten doch beredte und angesehene Senator Karls Sündenfall nur in nüchternen und unpersönlich oberflächlichen Worten wiederzugeben, die sich die anderen „geduldig und ernsthaft" anhören.

Sein lächerliches Bambusstöckchen nimmt bei seinen Darlegungen „der Sache" zwangsläufig jede „Feierlichkeit..., die sie sonst unbedingt gehabt hätte". Nur der Heizer lächelt Karl in tieferem Einverständnis an. Er hatte in der Vertraulichkeit seiner Kabine die stumme Bitte des ebenfalls lächelnden Freundes geachtet, das tiefgründige Geheimnis ahnungsvoll zu bewahren. Aber an einer derart geheimnisvollen Tiefgründigkeit hat der moderne Mensch keinen Anteil mehr. Wenn das Kind seines Neffen „in der Taufe den Namen Jakob" erhält, kann sich der selbstbewußte Onkel das nur mit dem „großen Eindruck" erklären, den die bloße Erwähnung des Namens seiner „Wenigkeit" auf die Mutter gemacht haben dürfte. Mehr weiß er über eine Taufe nicht zu sagen. Dementsprechend oberflächlich redet er auch über „die gerade noch in Amerika lebendigen Zeichen und Wunder", wenn er in Wirklichkeit lediglich den Brief meint, in dem „jenes Dienstmädchen" ihn mehr oder minder zufällig über die Ankunft seines Neffen unterrichtet. Im übrigen besitzt dieser Brief für ihn hauptsächlich Unterhaltungswert, „da er mit einer etwas einfachen, wenn auch immer gutgemeinten Schlauheit und mit viel Liebe zu dem Vater des Kindes geschrieben ist". Der Senator hätte nicht die geringsten Hemmungen, den Inhalt vor allen Anwesenden zum besten zu geben. Er unterläßt es nur mit Rücksicht auf seinen Neffen, bei dem er zwar keine Liebe, jedoch „möglicherweise noch bestehende Gefühle" für denkbar hält, rät ihm aber mit gefühlloser Sachlichkeit, den Brief später dennoch „in der Stille seines ihn schon erwartenden Zimmers zur Belehrung" zu lesen. Das ebenso sachliche wie schamlose Verhalten des Senators läßt bereits ahnen, was den Menschen in der modernen Welt erwartet.

Die Ausführungen seines Onkels haben in Karl die Erinnerungen an den Anlaß seiner Amerika-Reise wieder wachgerufen. Deshalb vergegenwärtigt er sich jetzt in einem Rückblick noch einmal sein erstes und bisher einziges Sexualerlebnis sowie die damit ausgelöste radikale Veränderung seines Lebens, die für ihn seinen Eintritt in die Welt der Erwachsenen bedeutet. Es wird ihm zunächst bewußt, daß jenes Ereignis weder etwas mit seinem Gefühl noch mit seiner freien Entscheidung zu tun hatte, sondern eher wie eine unabwendbare Naturkatastrophe über ihn hereingebrochen ist. Die auffallend häufige Erwähnung der Küche gibt dem Ort des Geschehens eine zweckmäßige, auf das Leben ausgerichtete Bedeutung. In diesem Sinn macht auch Karl hier „hin und wieder" im Auftrag seiner Eltern notwendige Besorgungen. Da die reife Frau mit dem für Kafkas Humor typischen Namen Brummer mehr als doppelt so alt ist wie der bald Sechzehnjährige, vermag er an ihr eine fast verwirrende Vielfalt menschlicher Verhaltensformen zu beobachten, die von der „Hexe" bis zur Beterin reichen. Nachdem Kafka für diese Aufzählung sechs Sätze hintereinander mit dem unbestimmten Wort „manchmal" beginnen läßt, kommt im siebten Satz endlich der bestimmte und entscheidende Höhepunkt, der die ganz persönliche Verführung einleitet: „Einmal aber sagte sie ‚Karl' und führte ihn . . . in ihr Zimmerchen, das sie zusperrte." Für Karl bleibt das Ganze jedoch ein Geschehen, das er in der würgenden Umarmung nicht nur als Bedrohung empfindet, sondern untätig und geradezu angewidert über sich ergehen läßt. Trotzdem empfindet er die Frau in der geschlechtlichen Vereinigung als einen „Teil seiner selbst, und vielleicht aus diesem Grunde hatte ihn eine entsetzliche Hilfsbedürftigkeit ergriffen". Die Erkenntnis, daß Mann und Frau im irdischen Leben wie die beiden Pole einer Einheit zu dessen Erhaltung notwendig aufeinander angewiesen sind und daß seine Verführerin ihn deshalb als Besitz begehrt und nur „nach vielen Wiedersehenswünschen" endlich entläßt, lastet auf dem weinend in sein eigenes Bett zurückgekehrten Karl als das schmerzliche

Bewußtsein, in dieser unfreiwilligen Gebundenheit seine Freiheit zwangsläufig verlieren zu müssen. Der nur seinen natürlichen Trieben unterworfene Mensch unterscheidet sich kaum von einem Tier. Indem Karl aus dieser Abhängigkeit befreit und nach Amerika geschickt wird, erhält das Verhalten der Köchin, die dann trotzdem weiter an ihn denkt, für ihn etwas wohltuend Menschliches, das Dank verdient: „Das war schön von ihr gehandelt, und er würde es ihr wohl noch einmal vergelten." Aber auch die zunächst nur egoistische Entscheidung der Eltern erscheint nun in einem anderen Licht, denn sie ermöglicht unbeabsichtigt Karl die Begegnung mit dem Sinnbild der Freiheitsgöttin. Wahrscheinlich ist das die Ursache dafür, daß Karl jetzt in seiner Freude die Eltern gegenüber dem Onkel in Schutz nimmt und „einige Fehler" in dessen etwas tönender Rede mit der Begründung zurückweist: „Du kannst ... von hier aus die Dinge nicht so gut beurteilen". Karl ist in seinen eigenen Urteilen selbständiger geworden und erzielt mit seiner eigenständigen Haltung sofort die allgemeine Anerkennung.

Durch die Überzeugung des Senators, „einen prächtigen Neffen" zu haben, wird Karl umgehend in die sogenannte höhere Gesellschaft aufgenommen und begegnet dort auch gleich den eingeübten Förmlichkeiten, die offenbar unumgänglich dazugehören. Der Kapitän spricht von dem Glück, „Ihren Neffen, Herr Senator, kennengelernt zu haben", denn „es ist eine besondere Ehre für mein Schiff". Während er diese Höflichkeiten „mit einer Verbeugung, wie sie nur militärisch geschulte Leute zustandebringen", unterstreicht, bedauert er gleichzeitig die notwendige Benachteiligung der Leute „im Zwischendeck". Aber Karl hält nachdrücklich dagegen, daß ihm sein Aufenthalt in dieser tieferen Schicht keineswegs „geschadet" habe. Als er jedoch dieses Bekenntnis wegen des verlorenen Koffers einschränken will, bricht er den begonnenen Satz plötzlich ab. Der Koffer wird von nun an nicht mehr erwähnt. Er war das Bindeglied zu der alten Welt Karls, die er jetzt endgültig abgeschüttelt hat, um in die neue einzutauchen, die ihn „stumm vor Achtung und Staunen" erwartet. Voller „Anteilnahme" und „Anerkennung" gratuliert ihm „herzlich" als erster der Heizer zu dem neuen Leben. Als er aber den Senator in diesen Glückwunsch einbeziehen will, tritt dieser sofort abweisend „zurück, als überschreite der Heizer damit seine Rechte". Dieser Verlust an Menschlichkeit zugunsten künstlich errichteter Standesschranken, des äußeren Ansehens, des Erfolgs und der Titel ist für die moderne Welt ebenso bezeichnend wie die gnadenlose Herrschaft der Zeit, durch die „den Hafenbeamten ... die Taschenuhr ... wichtiger als alles" andere wird, das den Menschen in seinem innersten Wesen bewegen könnte. Wer sich aber ausschließlich von der fragwürdigen gesellschaftlichen Rangordnung beeindrucken läßt, unterwirft sich den Bedingungen des Allgemeinen. Er tut das, was alle tun, und wird dadurch zu einem Teil der namenlosen Masse, bei der das Nebensächliche zur Hauptsache wird und das Unwesentliche vom Wesentlichen ablenkt. In diesem „Wirrwarr" werden alle Werte in ihr Gegenteil verkehrt, der verzweifelte Kampf des Heizers um seine Gerechtigkeit erscheint dem Senator als unerträgliches Geschwätz; vor dem tiefen Ernst des erschütterten Mannes flüchtet er sich gleichgültig in ein oberflächliches Spiel, das ihm unter dem Beifall aller beiläufig seinen Neffen zuführt. Der schöne Schein und die vergnügliche Laune beherrschen das anspruchslose Geschehen.

Während der vom harten Leben oft enttäuschte Heizer in diesem selbstzufriedenen Glück schon „nichts mehr für sich zu hoffen" wagt, gibt der junge Karl nicht so leicht auf. Ihn täuscht die allgemeine Zufriedenheit ebensowenig wie der Überdruß mit dem unglücklichen Störenfried. „Darauf kommt es doch nicht an, bei einer Sache der Gerechtigkeit", ist er überzeugt. Doch sein Freund fühlt angesichts der scheinbar unüberwindlichen Übermacht seiner Gegner nur Ohnmacht und Mutlosigkeit. Obwohl ihm alle Äußerlichkeiten gleichgültig sind und er „sein ganzes Leid geklagt" hat, will er sich künftig widerspruchslos in den früheren Alltag zurückfallen lassen. „Vielleicht würde dann wirklich alles besser gehen", wenn auf dem deutschen Schiff alle Rumänisch sprächen, wenn die Sprache nicht mehr in der Tiefe des Menschen wurzelt, sondern allenfalls ein zweckmäßiges Verständigungsmittel, aber nicht mehr Ausdruck persönlicher Empfindungen und Sehnsüchte ist. Unter diesen Umständen verlöre dann auch Karl für ihn seine Bedeutung, und die Welt bliebe sich selbst überlassen, denn der einzelne Mensch hätte keinen Auftrag, nach Gerechtigkeit und Wahrheit zu streben. Das Böse dürfte unangefochten herrschen, und an die Stelle des Freundes träte der Feind. Wer aber einmal von der Möglichkeit einer höheren Sinngebung für das Leben des Menschen erfahren hat, wer einmal von dem Traum von einem sinnerfüllten Kosmos berührt wurde, kann sich von dem Zauber dieser unwiderstehlichen Sehnsucht nicht mehr befreien. Karl bleibt deshalb auch jetzt für die Sinne des Heizers in dem „Zimmer der Feinde" der einzige „Ruheort", denn für Kafka ist „der Stamm des Wortes Sinnlichkeit ... Sinn", und „der Mensch kann zum Sinn nur durch seine Sinne kommen" (J 111). Doch an dieser Sinnfrage scheiden sich die Geister.

Der Wesensunterschied zwischen Karl und seinem Onkel offenbart sich am deutlichsten in der Bestimmung und in dem Vergleich von „Gerechtigkeit" und „Disziplin". Während Karl in dem Streben nach Gerechtigkeit und Wahrheit die Aufgabe und das Ziel des menschlichen Lebens sieht, dem alles andere unterzuordnen ist, bedeutet für den Onkel ausschließlich die Disziplin das Maß aller Dinge. Im Bild der kleinen Welt eines Schiffes ist dafür allein der Kapitän zuständig. Er ist der Sachwalter der äußeren Ordnung und hat die reibungslose Abwicklung der notwendigen Amtsgeschäfte zu gewährleisten, bei der alle wie Zahnräder ineinandergreifen müssen, um ihre Arbeit zweckmäßig zu verrichten. In diesem Sinn bezeichnet der Onkel sowohl Schubal als auch den Heizer gleichermaßen als „Maschinisten", die durch ihre „geringfügige Zänkerei" das Getriebe dieser Maschine beeinträchtigt haben. Persönliche Anteilnahme und Menschlichkeit wirken in diesem Zusammenhang wie eine Betriebsstörung und müssen verdrängt werden. Deshalb mutet es wie „eine Selbstdemütigung des Onkels" an, wenn er einerseits behauptet, die „Handlungsweise" seines Neffen vollkommen zu begreifen, um ihn dann andererseits „eilends von hier fortzuführen". Wenn Karl in der Welt des Kapitäns schon nichts zu suchen hat, wird er sich dann in der Welt des Onkels wohlfühlen können?

Karl glaubt, der Onkel habe dem Kapitän „sicher aus der Seele gesprochen", aber diese Seele besteht nur aus Disziplin: „Der Kapitän ist zwar höflich, aber das ist auch alles. Bei der Disziplin hört seine Höflichkeit auf... Und alle anderen Leute hier sind Spreu." Mit diesem vernichtenden Urteil wendet sich Karl von ihnen ab, denn er durchschaut die Oberflächlichkeit und Würdelosigkeit des dienstefrigen und unmenschlichen Untertans, der unabhängig von seinem Rang und seinem Ansehen „keine Ahnung von der Wahrheit" hat und immer nur dem Augenblick dient. Es ist jedoch gerade diese Wahrheit, die ihn selbst mit dem Heizer als Freund verbindet, weil sie das große Unrecht erkennen läßt, das ihm zugefügt wurde. Indem Karl es öffentlich anprangert, bekennt er sich mutig zur Gerechtigkeit und mitmenschlichen Verantwortung, so daß die Augen des Freundes aufglänzen, „als widerfahre ihm eine Wonne, die ihm aber niemand verübeln möge", denn sie ist der glückhafte Ausdruck seiner eigenen inneren Erfüllung. Weil Karl aber weiß, daß dieses Ziel auf die Dauer nur durch das unübertragbare Ringen jedes Einzelnen um die Wahrheit zu erreichen ist, muß der Heizer den Kampf gegen das Böse selbst auf sich nehmen und alle wesentlichen Entscheidungen persönlich treffen. Das ist der hoffnungsvolle Sinn des menschlichen Lebens, durch den es gerechtfertigt und erfüllt wird: „Die Wahrheit ist das, was jeder Mensch zum Leben braucht und doch von niemand bekommen oder erstehen kann", sagt Kafka zu Janouch, „jeder Mensch muß sie aus dem eigenen Innern immer wieder produzieren, sonst vergeht er. Leben ohne Wahrheit ist unmöglich. Die Wahrheit ist vielleicht das Leben selbst" (J 99); denn sie ist die Grundlage jeder geistigen Existenz in ihrer unverwechselbaren Einmaligkeit und deshalb sowohl Aufgabe als auch Rechtfertigung des irdischen Daseins. „Gott ist nur persönlich faßbar. Jeder Mensch hat sein Leben und seinen Gott. Seinen Verteidiger und Richter." (J 99) Deshalb bedeutet das Leben jedes Menschen eine Bewährungsprobe, und er wird nach der Würde beurteilt, die er mit seinem Verhalten erstrebt und erreicht.

Karl hat den inneren Wert und das wahre Wesen des Heizers erkannt. Darum macht er ihn nachdrücklich darauf aufmerksam, die eigene

Würde selbst behaupten und verteidigen zu müssen. Gleichzeitig begreift er, daß er für den Freund „gar nicht mehr" zu tun vermag, als ihn auf sich selbst zu verweisen und ihn allein zu lassen „wie einen Schatz, auf den man verzichten muß". Trotz der inneren Übereinstimmung und Wesensverwandtschaft entscheidet nur der persönliche Einsatz des Heizers darüber, ob er den Auftrag seines Lebens erfüllt. Die einzig mögliche Hilfe des Freundes ist die Ermutigung zur Selbstverantwortung und tätigen Selbsthilfe. Nachdem Karl dem Heizer das Versprechen abverlangt hat, sich immer mutig für die Wahrheit einzusetzen, nimmt er weinend von dem gleichgesinnten und ebenbürtigen Partner Abschied. Es ist bezeichnend, daß der Onkel die innere Verbundenheit zweier wesensverwandter Herzen nur als verständliche Rührseligkeit deutet und mißversteht. Deshalb weist er seinen Neffen ebenso höflich wie bestimmt auf die zulässige Gefühlsgrenze hin, die der äußere Takt und das gesellschaftliche Ansehen gebieten. Seine neue verwandtschaftliche Einbindung und die zu erwartende Stellung verlangen auch von Karl die Anpassung an ihre Gepflogenheiten. Der Weg, den er dabei gehen muß, ist ein schmaler Grat zwischen Schein und Wirklichkeit, zwischen Lüge und Wahrheit sowie zwischen Notwendigkeit und Freiheit.

Ganz im Gegensatz zu dem feinfühligen Abschied der beiden Freunde steht der lärmende und verwilderte Auftritt der einfältigen Zeugen Schubals, denen die Beschwerde des Heizers nur ein willkommener Anlaß zu anspruchsloser Belustigung und derben Späßen ist. „Ihr unpassendes Benehmen" und ihre zügellose Ausgelassenheit nehmen ihnen jede Ernsthaftigkeit und Glaubwürdigkeit. Dadurch wird im nachhinein offenkundig, welche Posse Schubal hier zu seiner Rechtfertigung gegen die Vorwürfe des Heizers aufgeführt hätte. Karl hatte dieses geplante Lügennetz ja sofort als „Gaunerei" (31) entlarvt. Aber inzwischen überwiegt bei allen schon längst wieder das Verlangen, in den reibungslosen Ablauf der geschäftigen Betriebsamkeit des Alltags zurückzukehren und die lästige Störung zu beseitigen, zu der Karl entscheidend beigetragen hat. Seine Verabschiedung bedeutet daher auch die notwendige Voraussetzung für die Rückkehr zum geregelten und gewohnten Leben auf dem Schiff. Bereitwillig gibt ihm die sich verbeugende und immer angepaßte Menge der „im übrigen gutmütigen Leute" den Weg frei. Alle Wogen der Aufregung sind inzwischen abgeebbt und verflacht, so daß der vordergründige Alltag wieder das gesamte Geschehen bestimmen kann. Zu ihm gehören die glatten Redewendungen ebenso wie die unverbindlichen Gespräche „über die amerikanischen Flottenverhältnisse", der artige Dank für Liebenswürdigkeiten und das herzliche Händeschütteln der Männer, dem sich Karl „stumm und flüchtig" anschließt. Der Onkel ist nun wieder ausschließlich der „Herr Senator", dem begegnen zu dürfen, eine „Ehre" und ein „Vergnügen" bedeutet. Er ist wieder uneingeschränkt der stolze amerikanische Bürger, zu dem er sich „mit ganzer Seele" bekennt und der sich deshalb von seinen „europäischen Verwandten vollständig getrennt" (34 f.) hat. Wenn er jedoch nun eine spätere „Europareise" mit seinem Neffen erwägt, verbindet er damit augenscheinlich das selbstsichere Sendungsbewußtsein, die alte Welt künftig am neuen Lebensstil der Moderne teilhaben zu lassen.

Der Schluß der Erzählung läßt jedoch keinen Zweifel daran, welche Bedenken Kafka dieser modernen Entwicklung und dem vermeintlichen Fortschritt entgegenbringt. Die mehrmalige Wiederholung der Adverbien „hinab" und „hinunter" kennzeichnen das gesamte Geschehen als eine einzige Abwärtsbewegung. Es sind ein schmaler Gang und „eine kurze Treppe", die in das kleine Boot hinabführen, in dem man die beiden wieder einmal salutierend erwartet. Während der Senator den vorsichtigen Abstieg anmahnt, bricht „Karl noch auf der obersten Stufe in heftiges Weinen" aus. Er begreift, daß er nun von einer tiefen menschlichen Beziehung Abschied nehmen muß, von einem wesensverwandten, nach Wahrheit und Gerechtigkeit strebenden Freund, um statt dessen an der Seite seines angesehenen Onkels „langsam Stufe für Stufe" zu einem ausgesuchten „guten Platz" in der begrenzten Welt des kleinen Bootes hinabzugelangen. Karl ist erstaunt, als er von dort zu den drei Fenstern des Schiffes hinaufschaut, durch die er früher die befreiende Weite des Meeres erblickt hat. Sie hatte damals sein Herz höher schlagen lassen und ihm die Kraft gegeben, sich mutig für das Gute einzusetzen. Doch jetzt macht er „die unerwartete Entdeckung", daß in diesen Fenstern, hinter denen sich nur noch die „Hauptkasse" verbirgt, nichts anderes mehr zu sehen ist als die „Zeugen Schubals". Es ist die lärmende, salutierende, sich verbeugende Menge der anspruchslosen, einfältigen Leute, die alle Plätze besetzt haben und lückenlos ausfüllen. Wie ein undurchdringlicher Vorhang verschließt dieser Vordergrund jegliche Tiefe und Weite. Der befreiende und erhebende Ausblick in die Welt des Wesentlichen, der Wahrheit und Gerechtigkeit ist verstellt. „Es war wirklich, als gäbe es keinen Heizer mehr." Karl wird sich bewußt, daß selbst die familiäre Nähe eines Verwandten ihm den Freund nicht ersetzen kann. Tatsächlich weicht der Onkel den zweifelnden und bohrenden Blicken seines Neffen verlegen aus, um ihn „auf die Wellen" abzulenken, „von denen ihr Boot umschwankt" wird. Aber während früher die großen Schiffe mit ihrem Tiefgang und ihrer Schwere dem Wellenschlag des Meeres standhielten und dadurch Karl vor der Kulisse New Yorks mit kraftvollem Selbstbewußtsein erfüllten, schaukelt jetzt ihr leichtes Boot in der plätschernden Geschäftigkeit des Hafenlebens, dessen Unzuverlässigkeit und Oberflächlichkeit Kafka bereits mit den Worten gedeutet hat: „Eine Bewegung ohne Ende, eine Unruhe, übertragen von dem unruhigen Element auf die hilflosen Menschen und ihre Werke!" (25) In dem letzten Sinnbild seiner Erzählung beschwört er deshalb noch einmal die Gefährdung des Menschen in der modernen Welt, deren ständige vordergründige Betriebsamkeit nicht zur Ruhe, zur Besinnung und zum Wesentlichen kommen läßt. Die äußere Nähe vermag die innere Entfremdung nicht zu überbrücken, selbst der nahe Verwandte bleibt innerlich unerreichbar und fremd. Freundschaft kann nicht mehr entstehen, weil die Tiefe, die Würde, die Persönlichkeit bedroht sind. Alle höheren Werte des Menschseins und der Menschlichkeit verflachen, der Einzelne wird zur verschiebbaren Figur auf dem Schachbrett einer entwurzelten Gesellschaft, der nichts heilig ist und die keine Ehrfurcht mehr kennt.

Es gibt jedoch keine Zweifel an Kafkas Überzeugung, daß der Mensch auch die moderne Bedrohung erkennen und abwehren kann. In seiner Erzählung „Der plötzliche Spaziergang" hat er den dafür allerdings erforderlichen Kraftakt einmal aufgezeigt. Indem der Mensch entgegen allen Gewohnheiten plötzlich aus dem besinnungslosen Alltagstrott ausbricht, verschafft er sich „diese schon unerwartete Freiheit", durch die er „sich zu seiner wahren Gestalt erhebt" (E 32 f.). Während gleichzeitig alles andere „ins Wesenlose" versinkt, „verstärkt" die Begegnung mit einem seelenverwandten Freund jedoch das neu gewonnene Hochgefühl, das in dem entschlossenen Bekenntnis zum wahren Menschsein begründet ist. Es entspricht Kafkas Aufforderung und Bereitschaft, sich immer so zu verhalten, daß man einer Erlösung würdig wäre.

6. Forschungen eines Hundes

Das Bekenntnis des Einzelnen zum Sinngefüge
der Schöpfung

In der Tiergeschichte, die im Juli 1922 entstanden ist und zum Spätwerk Kafkas zählt, überdenkt ein alt gewordener Hund die vielfältigen Entwicklungen und Veränderungen seines Lebens und erkennt, daß sich trotz allem seine eigentliche Bestimmung im Grunde gar nicht verändert hat. Anfangs lebte er im großen und ganzen „inmitten der Hundeschaft" wie „ein Hund unter Hunden" und betrachtete sich selbst „als einen zwar ein wenig kalten, zurückhaltenden, ängstlichen, rechnerischen, aber alles in allem genommen doch regelrechten Hund". Später hat er sich wegen seiner Eigenarten allmählich aus der Gemeinschaft zurückgezogen, weil er schon früh bemerkt hatte, „daß hier seit jeher etwas nicht stimmte, eine kleine Bruchstelle vorhanden war". Sie machte es ihm möglich, das gesamte Dasein, „irgendwie neu gesehen" in einem ganz anderen, hintergründigen Licht aufleuchten zu lassen. Obwohl diese Erkenntnis einerseits mit Schrecken, Verzweiflung und drohendem Unglück verbunden zu sein scheint, ist sie andererseits so verlockend, daß der Hund nur diesen neuen Einsichten entsprechend zu leben versucht. Sie zwingen ihn in die Einsamkeit, lassen ihn zu einer Ausnahmepersönlichkeit werden, die gerade durch ihre Distanz den Überblick über die vielen anderen gewinnt und behält. Diese verstehen ihn zwar nicht, versagen ihm aber auch nicht die Achtung und veranlassen sogar noch ihre Kinder, „eine neue Generation", zum „ehrerbietigen Gruß". Obwohl ihm seine neue Tätigkeit hoffnungslos vorkommt, kann er dennoch nicht darauf verzichten. Denn seine „Sonderbarkeiten" offenbaren in Wirklichkeit seine eigentliche Auszeichnung: Er vermag das Wesen der Hundeschaft zu durchleuchten – „und dies zu tun habe ich Zeit und Lust und Fähigkeit", gesteht er mit selbstbewußtem Stolz – und erkennt sogleich, daß es um sie „wunderbar bestellt" ist; denn sie unterscheidet sich grundsätzlich von allen „Arten von Geschöpfen ringsumher".

Im Bild der Hundeschaft spiegelt Kafka das Besondere des einzelnen Menschen und seines Verhältnisses zur Gemeinschaft. Im Unterschied zu den Einschränkungen aller anderen Geschöpfe der Natur, die meist nur zweckbestimmt und „ein wenig äußerlich" durch „das gemeinste Interesse" verbunden sind, kennzeichnet den Menschen der unwiderstehliche Drang zu einem grenzenlosen, einheitlichen Miteinander. „Alle unsere Gesetze und Einrichtungen", heißt es ausdrücklich, „gehen zurück auf die Sehnsucht nach dem größten Glück, dessen wir fähig sind, dem warmen Beisammensein". Es ist das erträumte Ziel der Menschen und Völker, sich zum Wohle aller in einer einzigen, sinnvollen Gemeinschaft zusammenzuschließen. Aber dieser Sehnsucht nach sicherer und friedlicher Geborgenheit in einem geordneten Ganzen ist ein nicht minder unwiderstehlicher Drang nach Selbstbesinnung, Selbsterkenntnis und Selbstfindung entgegengesetzt, der den Einzelnen gerade wieder „aus dem Volkskreis zerrt". Wir-Gefühl und Ich-Bezogenheit sind die Gegenpole, die den Menschen in ein Spannungsfeld zwingen, das „unübersehbare Unterschiede" aufzeigt und unüberbrückbare Klüfte aufreißt. Selbstvergessen und selbstverloren in das bindende und einträchtige Glück der vielen einzutauchen, wäre zwar die einfachere und konfliktfreiere Lösung, bedeutete aber auch die Gefahr der Verflachung und Vermassung. Wer dagegen den „Vorschriften, die nicht die der Hundeschaft sind", gehorcht und sich dieser einzigartigen inneren Stimme und Tiefe seines Geistes überläßt, stößt an das rätselhafte Geheimnis seines persönlichen Seins, in dem das Irdische das Überirdische, das Endliche das Unendliche, das Vergängliche das Unvergängliche berührt. „Was für schwierige Dinge das sind, Dinge an die man lieber nicht rührt..., und doch Dinge, denen ich ganz und gar verfallen bin." Mit diesem Bekenntnis läßt Kafka keinen Zweifel daran, wie er sich entschieden hat und welchen Zerreißproben er sich auszusetzen bereit ist.

Der Schlüssel für eine derartige Weichenstellung liegt in der phantastischen Erlebnisfähigkeit des Kindes. In seiner jungen, neuen Welt ruht das kindliche Ich als beziehungsreicher Mittelpunkt, als geheimnisvolles, selbstsicheres Zentrum, dem alles sinnvoll zugeordnet und verbunden ist. Diese grenzenlose Phantasiewelt öffnet sich auch verheißungsvoll dem Außerordentlichen „mit dem starken, ersten, unverwischbaren, für viele folgende richtunggebenden Eindruck". Die erste folgenschwere Begegnung mit dem Außerordentlichen erlebt der erzählende

Hund in seiner Jugend. Sich seiner selbst bewußt geworden, ahnt sein erwachender Geist die großen „Dinge", die seiner bedürfen und ihn fordern. „Den wilden Erwartungen", der „Vorahnung großer Dinge", „dem unbestimmten Verlangen" entspricht „plötzlich" die Gewißheit, „am rechten Ort" sowie „blind und taub" für alles Gewöhnliche zu sein, damit sich das Ungewöhnliche ereignen kann. Tatsächlich verwandelt sich in diesem entscheidenden Augenblick die bisherige Finsternis in überhelles Licht. Die natürliche Begrenztheit aller Sinne scheint aufgehoben. Wie in einem Rausch begrüßt der Erwachte stammelnd „mit wirren Lauten", staunend und beschwörend den neuen Morgen als Aufbruch in eine andere Dimension. Seiner sich öffnenden, rauschhaften Erregung antwortet dann plötzlich wie eine Erfüllung der Sehnsucht die gewaltige Erscheinung der „sieben Hunde".

Die Sieben gilt in der ganzen Geistesgeschichte als die heilige Zahl schlechthin. Hier seien als Beispiele nur die sieben Schöpfungstage der Bibel, die sieben Gaben des heiligen Geistes und die sieben freien Künste erwähnt. Daß die „sieben großen Musikkünstler" Kafkas ebenfalls in diesem tiefsinnigen und geheimnisvollen Bereich verwurzelt sind, ist augenscheinlich; denn sie sind mit der nur ihnen „verliehenen schöpferischen

Musikalität" ausgezeichnet. Diese Musik bedeutet dem Menschen von Geburt an ein bestimmtes, „unentbehrliches Lebenselement",dessen er sich jedoch erst nach dem Erwachen seiner Erkenntniskraft bewußt wird. Nur der erwachte Geist vermag das Übersinnliche als unfaßbares Geheimnis zu ahnen. Deshalb bleibt auch die Botschaft, die Kafkas sieben „große Meister" übermitteln, unausgesprochen. Sie sind eigentlich unsichtbar, können nur „innerlich begrüßt" werden und schweigen. Es ist jedoch ein Schweigen, das Kafka in den Paralipomena „zu den Attributen der Vollkommenheit" (B 340) zählt, ein angestrengtes Schweigen, das auf einer höheren Ebene plötzlich alles in Musik zu verwandeln vermag. Schweigend zaubern die sieben Künstler „aus dem leeren Raum ... die Musik empor", die alles mit unbeirrbarer Sicherheit als ein sinnvolles Ganzes erscheinen läßt. Es ist eine Musik, die den Menschen ergreift und doch alles Menschliche sprengt, die ihn aufsaugt, aufwühlt und erhebt, so daß er sich mit nichts anderem mehr beschäftigen kann „als mit der von allen Seiten, von der Höhe, von der Tiefe, von überall her kommenden, den Zuhörer in die Mitte nehmenden, überschüttenden, erdrückenden, über seiner Vernichtung noch in solcher Nähe, daß es schon Ferne war, kaum hörbar noch Fanfaren blasenden Musik". In der Vision dieser

Musik gestaltet Kafka seine Überzeugung von der einzigartigen Bedeutung des Einzelnen, der das Sinngefüge des ganzen Kosmos in sich eindringen lassen kann, um an seinem Ende dann selbst in dessen Geheimnis durch seinen Tod aufgehoben zu werden.

Es entspricht dem Wesen des Menschen, daß er das visionäre Erlebnis seiner eigenen Entgrenzung und Aufhebung begreifen möchte, obwohl es seine Kräfte übersteigt. Aber alle Fragen bleiben unbeantwortet, vielmehr sie verstummen vor dem übermächtigen Donner der unbegreiflichen Musik „dort im Freien". Sie verstummen vor der unfaßbaren Allgewalt, der sich der Mensch in der Kunst mit äußerster Anspannung aller seiner Kräfte in zitternder Angst zu nähern wagt. Die Bedeutung dieser Angst entspricht durchaus der Seinsangst Kierkegaards; sie „ist eine innere Angelegenheit und bezeichnet das Gefühl, das den Menschen befällt, wenn er sich selbst inmitten des Daseins entdeckt ... Aber gerade die Angst führt den Menschen dahin, einen höheren Zusammenhang im Dasein zu ahnen, sie ist eine Beunruhigung im Gemüt, die weitere Ausblicke eröffnet, und darum enthält sie etwas Erschreckendes und etwas Anziehendes zugleich" (EP 169). Für Kafka weckt die Kunst im Menschen die unstillbare Sehnsucht nach der geistigen Welt und reißt zugleich den Abgrund auf, der ihn in seinem irdischen Dasein unweigerlich zum Scheitern verurteilt. Die Erkenntnis dieser notwendigen Ausweglosigkeit führt in der Erzählung zu einem Perspektivenwechsel.

Dem jungen Hund erscheinen die Künstler plötzlich „unverständlich hilfsbedürftig", so daß er sich gezwungen sieht, hier einzugreifen, indem er mit seinen „Fragen laut und fordernd" die Selbstoffenbarung der Ursache und des Urhebers der Kunst verlangt. „Wer zwang sie denn zu tun, was sie hier taten?" Aber als ihm auch auf diese Fragen die Antwort versagt bleibt, will er sich empört vom Zauber der berauschenden Musik abwenden und auf die üblichen Gepflogenheiten im alltäglichen Miteinander der Menschen pochen. Wer nämlich hier den höflichen Frager einfach übersieht und ihm keine Antwort gibt, verstößt „gegen die guten Sitten" und „gegen das Gesetz". Die notwendige Einbindung in das irdische Dasein unterwirft auch die Künstler, mögen sie „noch so große Zauberer sein", den Maßstäben dieser Welt. Deshalb wird ihre Besonderheit im Alltag häufig mißverstanden. Man glaubt, „daß sie aus Schuldgefühl schweigen. Denn ... sie hatten ja alle Scham von sich geworfen". Gerade ihre Auszeichnung lastet man ihnen als „Sündhaftigkeit" an. Wie ist das möglich?

Durch den Sündenfall wird der Mensch schuldig, aber er gewinnt die Erkenntnis. Sie läßt ihm sofort bewußt werden, daß er nackt ist, und er beginnt sich zu schämen. Das ist die irdische Perspektive. Für Kafka besitzt jedoch gerade die Kunst die Fähigkeit, das vordergründige irdische Dasein zu durchbrechen und wieder an die Wahrheit des Paradieses zurückzuerinnern. Die Aufhebung der Scham bedeutet demnach künstlerisch den Versuch einer Rückkehr ins Paradies, eines Wiedereintauchens in seine Reinheit aus der Welt der Lüge. „Titorellis schamloses Lächeln..., das dieser mit erhobenem Kopf ins Leere richtete" (P 294), ist ebenfalls die Voraussetzung dafür, daß „in der dunklen Leere" (H 104) plötzlich der blendende Lichtstrahl der Wahrheit aufleuchten kann (EP 151 ff.). Damit wird zugleich auch das Schweigen als ein Attribut der Vollkommenheit erklärt. Ohne das tiefere Wissen um diese geahnten, metaphysischen Hintergründe erscheinen jedoch im vordergründigen, irdischen Alltag die Schamlosigkeit als ein Verstoß gegen die Natur und das Bemühen um Reinheit und Wahrheit als scheinbare Versündigung. Dem durch diese Doppeldeutigkeit beunruhigten Menschen müssen sich die Fragen aufdrängen, ob „die Natur ein Fehler" sei und: „war diese Welt verkehrt?" Denn das irdische Dasein mit seinen natürlichen Gesetzmäßigkeiten steht tatsächlich in einem Widerspruch zur geistigen Bestimmung und Freiheit des Menschen. In der Beantwortung dieser Fragen, in der Lösung dieser Aufgabe besteht sein Auftrag.

Der Mensch, der sich jedoch zum Handeln und der damit getroffenen Entscheidung gedrängt fühlt, wird sich auch seiner Freiheit bewußt. „Aber kaum war ich frei, war es wieder der Lärm, der seine Macht über mich bekam", gesteht der zum Handeln entschlossene, freie „Schüler", der jetzt plötzlich glaubt, „Lehrer" sein zu müssen. Der ängstigende Lärm erzeugt allerdings immer auch „eine betörende Musik" und enthält dadurch etwas Erschreckendes und etwas Anziehendes zugleich. In ihm erklingen nämlich „ein klarer, strenger, immer sich gleich bleibender, förmlich aus großer Ferne unverändert ankommender Ton, vielleicht die eigentliche Melodie inmitten des Lärms" und zwingt den aufgeschlossenen Zuhörer „in die Knie". Seine Freiheit beteiligt den Menschen an der geistigen Welt als einem erhabenen, sinnvollen Ordnungsgefüge, das die menschliche Ehrfurcht erzwingt. Die verwirrende und darum erschreckende Fülle und Vielfalt des irdischen Lebens werden dadurch in ein ordnendes, beständiges, richtungweisendes Ganzes eingebunden. „Aus großer Ferne" erhält der Lärm der Welt seine „eigentliche Melodie", vor deren ewiger Wahrheit sich der staunende Mensch demütig und ehrerbietig verneigt.

Obwohl Kafka diesen Vorfall aus der Jugend des Hundes als „etwas Außerordentliches" (B 243) angekündigt hat, behauptet er nun scheinbar widersprüchlich, daß er „nichts Außergewöhnliches" enthalte. Das gilt insofern, als dem geistig aufgeschlossenen Menschen die Begegnung mit dem Außerordentlichen immer wieder von neuem möglich ist. Es ist ein Erlebnis, das Kafka in seinem Roman „Der Prozeß" als „die scheinbare Freisprechung" (P 184) bezeichnet, die ebenfalls beliebig oft wiederholbar ist. (EP 146) Andererseits kann man natürlich auch das Außergewöhnliche einfach „verreden, so wie alles" und zum Alltäglichen verflachen. Das Besondere verschwindet dann im Allgemeinen, der Einzelne in der Masse. Fragen und Antworten bleiben gleichermaßen vordergründig und bedeutungslos. Die Auszeichnung des Menschen droht verlorenzugehen, so daß schließlich sogar ein pädagogischer Appell erforderlich wird: „Die Eltern sollten ihre Kleinen weniger herumlaufen und dafür besser schweigen und das Alter achten lehren." Das ist ein beschwörender Aufruf zur inneren Einkehr, zur Besinnung und zur Ehrfurcht vor dem Ehrwürdigen und Erhabenen. Für den erzählenden Hund ist jedoch seine erste, aufregende Begegnung mit den sieben großen Musikkünstlern in seiner Jugend das entscheidende Schlüsselerlebnis für sein ganzes weiteres Leben geblieben. Seither ist er sich seiner selbst bewußt und bereit, den Sündenfall zu wiederholen und seine „Sündlosigkeit" zu opfern, „um alles genau zu verdeutlichen" und ins Licht der Erkenntnis zu rücken. Aber auch sein erwachter Geist versucht „dieses kindhafte Wesen" beizubehalten, das ihm das wunderbare Erlebnis ermöglichte, das ihm Aufgabe und Ziel anzeigte, das ihn für immer fesselt und im Unterschied zu den vielen, die ihn verständnislos „abgeschüttelt und ausgelacht" haben, zwingt zu forschen. Denn er will dieses Geheimnis „gerade deshalb restlos durch Untersuchung auflösen . . ., um den Blick endlich wieder freizubekommen für das gewöhnliche, ruhige, glückliche Leben des Tages". Das Aufleuchten des Absoluten in einem Schlüsselerlebnis wird zum immerwährenden Streben, dem vordergründigen Leben täglich Sinn und Erfüllung zu geben. Wer jedoch darauf verzichtet, wird vom Wesentlichen abgelenkt, verkennt seine Aufgabe und verfällt dem Nichts einer sinnentleerten Welt.

Das kindliche Schlüsselerlebnis offenbart dem jungen Menschen sein „eingeborenes Wesen" und beendet dadurch zugleich „das glückselige Leben" seiner unbewußten Kindheit. Kafka weist ausdrücklich darauf hin, daß dieser Durchbruch nicht ausschließlich mit Hilfe der Kunst erfolgen muß, aber von entscheidender Bedeutung ist. „Es gibt wichtigere Dinge als die Kindheit." Jedoch die Kindheit zeigt das Ziel, das — bewußt erstrebt — „im Alter, erarbeitet durch ein hartes Leben, mehr kindliches Glück" verheißt, „als ein wirkliches Kind zu ertragen die Kraft hätte". Kafkas geistige Verwandtschaft mit der ringförmigen Welt Kleists und den Vorstellungen der Romantiker ist augenscheinlich. Der Beginn seiner gegenwärtigen Untersuchungen scheitert dagegen schon an der unübersehbaren Fülle des Materials. Allein die Frage, „wovon sich die Hundeschaft nährt", löst eine lawinenartige Flut einander widersprechender Antworten aus, die alle Betroffenen berücksichtigen und erfassen müßte. Infolge der quantitativen Grenzenlosigkeit aller wissenschaftlichen Forschung ist sie für die qualitative Erfüllung des Einzelnen nicht geeignet. Sie vermehrt bewunderswürdig die Einzelheiten, aber offenbart dadurch keineswegs das Wesentliche und bleibt für denjenigen, der danach strebt, ohne Reiz. Deshalb kann er, insbesondere im reiferen Alter, ohne Bedauern gestehen, daß es ihm für eine wissenschaftliche Arbeit „an

Wissen und Fleiß und Ruhe und – nicht zuletzt ... – auch an Appetit" fehle. Alle irdischen Gegebenheiten als Selbstzweck zu erfassen, zu ordnen oder gar zu systematisieren, ist einfach der Mühe „nicht wert". Hier genügt „der Extrakt aller Wissenschaft, die kleine Regel", die praktische Lebenshilfe, die von allen möglichst zweckmäßig gehandhabt werden kann. In schillerndem Humor nennt Kafka das Beispiel: „Mache alles naß, soviel du kannst." Aber selbst wenn die Anwendung derartiger Regeln „durch bestimmte Sprüche, Gesänge, Bewegungen" begleitet und überhöht wird, entspricht das nicht im geringsten den hohen Erwartungen des erwachten Geistes. Das sind alles gewohnheitsmäßige, überlieferte Vordergründigkeiten, die er als Tatsachen einfach hinnimmt. Ihn drängt es dagegen in die Tiefe, ihn lockt das Geheimnis des verborgenen Hintergrundes.

„Woher nimmt die Erde diese Nahrung?" ist eine Frage, die über die Dinge der unmittelbaren Erscheinungswelt hinausgreift, die in dunkle Bereiche vordringt, „die man im allgemeinen nicht zu verstehen vorgibt" und die selbst der Wissenschaft verschlossen bleiben. Aber gerade deshalb sind sie so beunruhigend, daß man am liebsten davon ablenken möchte. Man wollte „lieber das Ungeheuerliche tun, mir den Mund mit Essen zustopfen ..., als meine Frage dulden". Trotzdem sind diese Fragen nicht nur erschreckend, sondern immer zugleich auch anziehend, so daß der ungeduldigen und unerschütterlichen „Forschungsbegierde" schließlich bereitwillig überall Zutritt gewährt und nichts verwehrt wird. Das Bewußtsein, auf diesem Weg ständig von der Bedeutungslosigkeit abgelenkt werden zu können, steigert die Wachsamkeit und schärft den Blick für das Wesentliche. Das Wesentliche aber ist die Auszeichnung des Menschen, seine Bestimmung als tätiger Geist. In der Auseinandersetzung mit ihm muß sich das Ziel offenbaren. „Erst mit Hilfe der Hundeschaft begann ich meine eigenen Fragen zu verstehen", erkennt der forschende Hund und gesteht, daß ihn selbst bei seiner Frage, woher die Erde die Nahrung nehme, die Erde nicht im geringsten interessiert. „Mich kümmern nur die Hunde, gar nichts sonst. Denn was gibt es außer den Hunden? Wen kann man sonst anrufen in der weiten, leeren Welt? Alles Wissen, die Gesamtheit aller Fragen und aller Antworten ist in den Hunden enthalten." In einem Aphorismus verdichtet Kafka diese Überzeugung zu der Aussage: „Es gibt nichts anderes als eine geistige Welt" (H 44). Es ist die unwiderstehliche Sehnsucht des Menschen, diesen unsichtbaren Geist „in den hellen Tag" zu bringen und aufleuchten zu lassen; begegnen kann man ihm allerdings nur im Menschen.

In einem Aphorismus heißt es: „Nicht jeder kann die Wahrheit sehn, aber sein" (H 94), und in einem anderen: „Wer zu sehn versteht, muß nicht fragen" (H 337). Die Gewißheit, daß der Mensch an der Wahrheit teilhat und es in seinem tiefsten Wesen auch ahnt, schließt keineswegs aus, daß er das blendende Licht der vollen Wahrheit nicht zu durchschauen und nicht zu ertragen vermag. Hierin wurzelt das Geheimnis seines Schweigens, einer Stummheit, die Kafka − wie erwähnt − „den Attributen der Vollkommenheit" zuordnet. Zwei weitere Aphorismen ergänzen und verdeutlichen diese Einsichten: „Wahrheit ist unteilbar, kann sich also selbst nicht erkennen; wer sie erkennen will, muß Lüge sein" (H 48); und: „Früher begriff ich nicht, warum ich auf meine Frage keine Antwort bekam, heute begreife ich nicht, wie ich glauben konnte, fragen zu können. Aber ich glaubte ja gar nicht, ich fragte nur" (H 43). Durch diese Gedanken Kafkas erklärt sich, warum dem Forscherhund bei seinen Mithunden das erstrebte „Eingeständnis des Wissens" versagt bleibt und die „Schweigsamkeit hinsichtlich der entscheidenden Dinge" notwendig ist. Aber er vermag auch bei sich selbst dieses verborgene Geheimnis nicht zu lüften. Natürlich ersehnen alle in ungewisser Hoffnung eine gewisse Antwort. Aber wer sie geben könnte, müßte unter dem sicheren Beifall aller die Erlösung verkünden: „Der ganze Chor der Hundeschaft wird einfallen, als hätte er darauf gewartet. Dann hast du Wahrheit, Klarheit, Eingeständnis ... Das Dach dieses niedrigen Lebens ... wird sich öffnen und wir werden alle, Hund bei Hund, aufsteigen in die hohe Freiheit." Weil jedoch die enthüllte „ganze Wahrheit unerträglicher" sein könnte als das Leben mit „der leisen Hoffnung" müssen vielleicht „die Schweigenden als Erhalter des Lebens" gelten, obwohl der einmal beunruhigte Geist immer wieder gegen diese Grenzen anstürmt. Unentwegt kämpfen zu müssen und trotzdem den endgültigen Erfolg versagt zu bekommen, ist das Los des Menschen, das ihn im dichterischen Bild zum Schweigen zwingt. „Hart aus Angst" widersetzt er sich „den eigenen Fragen" und fürchtet die Antworten, weil er erkennt, dadurch „die Fundamente unseres Lebens, ... ihre Tiefe" vielleicht selbst zu zerstören. Seine Angst aber befähigt den Menschen, einen höheren Zusammenhang im Dasein zu ahnen, und diesen Drang haben alle in ihrem „immer wieder verlangenden Blut. Aber nicht nur das Blut haben wir gemeinsam, sondern auch das Wissen und nicht nur das Wissen, sondern auch den Schlüssel zu ihm. Ich besitze es nicht ohne die anderen, ich kann es nicht haben ohne ihre Hilfe." Warum Kafka glaubt, die Versammlung der gesamten Hundeschaft könne selbst bei „eisernen Knochen ... durch ein gemeinsames Beißen aller Zähne aller Hunde" bzw. schon durch die bloße Bereitschaft dazu „das edelste Mark" freilegen, erklärt er in dem Aphorismus: „Geständnis und Lüge ist das Gleiche. Um gestehen zu können, lügt man. Das, was man ist, kann man nicht ausdrücken, denn dieses ist man eben; mitteilen kann man nur das, was man nicht ist, also die Lüge. Erst im Chor mag eine gewisse Wahrheit liegen." (H 343) Nur das Ganze der gesamten Menschheit könnte etwas von ihrer kosmischen Bestimmung offenbaren.

Es ist „etwas Ungeheuerliches", daß der Einzelne die ganze Menschheit bemüht, um der Wahrheit teilhaftig zu werden, die dann für ihn selbst den Tod bedeutet: „Das Mark, von dem hier die Rede ist, ist keine Speise, ist das Gegenteil, ist Gift." Das Schweigen des Todes ist das Ziel, auf das jedes Leben ausgerichtet ist. Die Frage nach dem Sinn des Todes ist die „eigentliche Lebensfrage". Aber auch sie wird nicht beantwortet und dennoch jedem nur persönlich gestellt. Indem der Einzelne sein irdisches Dasein mit seinem „natürlichen Ende" bewußt auf sich nimmt, bekennt er sich zu den Notwendigkeiten der Schöpfung. Nach den „unruhigen Fragen" des Lebens gewährleistet ihm dadurch am Lebensabend „die Ruhe des Alters" ein friedliches Sterben. Er sieht dem Tod „wahrscheinlich schweigend, vom Schweigen umgeben, ... gefaßt entgegen ..., wir widerstehen allen Fragen, selbst den eigenen, Bollwerk des Schweigens, das wir sind". Das natürliche Leben bis zu seinem Ende aushalten zu müssen, aber schon zu Lebzeiten freiwillig zum notwendigen Tod bereit zu sein, läßt den Menschen im Sinne der Tagebucheintragung hoffen: Der „zu Lebzeiten" Tote ist „der eigentlich Überlebende" (T 545). Mit seinem Bekenntnis zum Gesetz des Lebens und des Todes bleibt der Mensch einer Erlösung würdig. Das „Bollwerk des Schweigens" ist zugleich auch der Gral dieser Hoffnung.

Die Hoffnung ist unlösbar mit dem Sündenfall verbunden, diesem alles „entscheidenden, alles verschuldenden Fehler". Nur die Vertreibung aus dem Paradies ermöglicht die Erinnerung daran und begründet die Hoffnung auf eine Rückkehr. Wenn auch der Einzelne das Ereignis selbst nicht mehr auffinden kann, so muß er an dem begangenen Fehler dennoch beteiligt gewesen sein. Wäre er es nicht, könnte er auch keine Hoffnung haben. „Die redliche Arbeit eines langen Lebens" müßte sinnlos enden, „und völlige Hoffnungslosigkeit würde daraus folgen". Weil er sich jedoch dagegen auflehnt, überdenkt der alt gewordene Hund noch einmal sein ganzes Lebenswerk.

Allen Verlockungen eines jungen, natürlichen Lebens widerstehend, widmet sich der Forscherhund frühzeitig und ausschließlich der Arbeit seiner Untersuchungen. Dabei legt er großen Wert darauf, völlig auf sich allein angewiesen, frei und selbständig dem Leben unmittelbar begegnet zu sein. „Ich habe viel gesehen, gehört und mit vielen Hunden der verschiedensten Arten und Berufe gesprochen", betont er, um die Eigenständigkeit und den Selbstbezug hervorzuheben; denn das persönliche Erlebnis und die eigene Betroffenheit sind wesentlich und von entscheidender Bedeutung. Sie sind für die „eigene Forschung ein gewisser Vorzug" gegenüber „dem systematischen Lernen" und der sachlichen Gelehrsamkeit der Gelehrtenarbeit. Deshalb ist auch „die eigentliche Methode der Wissenschaft", dieses behutsame, unbeteiligte Sammeln, Ordnen und Vergleichen für die Persönlichkeitsbildung ungeeignet. Hierbei kommt es vielmehr auf das Verantwortungsbewußtsein gegenüber sich selbst, auf die Tiefe und Einmaligkeit des Einzelnen, auf die persönlich erkannte Werteordnung an, der er sich freiwillig, bewußt und verbindlich verpflichtet. Es ist das einsame, individuelle Bekenntnis „mit dem für die Jugend beglückenden, für das Alter dann aber äußerst niederdrückenden Bewußtsein, das der zufällige Schlußpunkt, den ich setzen werde, auch der endgültige sein müsse". Für Kafka ist die Teilnahme an der Wahrheit notwendig mit dem Leben und dem Tod der Einzelpersönlichkeit verschmolzen. Obwohl nun die erstrebte Entfaltung der eigenen Persönlichkeit den einzelnen Menschen einerseits immer mehr vereinsamt, teilt er andererseits dieses Ziel mit allen anderen. Deshalb vermag er auch bei ihnen die inneren „Erschütterungen" auszulösen, die ihn selbst wiederum „mit Entzücken" erfüllen. Grundsätzlich wird also jedem Menschen dieselbe Möglichkeit zugestanden, unterschiedlich bleiben dabei jedoch die einzelnen Wege, die jeder entsprechend seiner besonderen Veranlagung beschreiten muß. „Nur die Mischung der Elemente ist verschieden, ein persönlich sehr großer, volklich bedeutungsloser Unterschied." In der Gemeinschaft hat jeder seinen berechtigten, einmaligen Platz.

Seit seiner Begegnung mit den Musikerhunden hält der erzählende Forscherhund „das Beispiel der Lufthunde" für einen besonders aufschlußreichen Weg. Sie werden durch den Vergleich mit einem Kopf gekennzeichnet, sind körperlich schwächlich, schweben „meistens hoch in der Luft", verrichten „keine sichtbare Arbeit..., sondern ruhen". Ihr Verhalten wird zwar allgemein bestaunt, „aber viel wunderbarer ist ... die Unsinnigkeit, die schweigende Unsinnigkeit dieser Existenzen". Damit ist zunächst die irdische Zweckfreiheit gemeint. Die Kunst und das Dasein der Künstler sind für das alltäglich verlaufende Leben überflüssig. Aber obwohl sie die notwendigen Tätigkeiten auf der Erde scheinbar verschmähen, gewissermaßen über den niedrigen Dingen schweben, scheint die übrige Gemeinschaft sie bereitwillig mitzutragen und besonders gut zu ernähren. Dagegen löst die Frage nach dem Sinn der Kunst und ihrer Bedeutung eine regelrechte Flut versuchter Antworten und Erklärungen aus. „Es zeigt sich dabei zwar nicht die Wahrheit..., aber doch etwas von der tiefen Verwirrung der Lüge. Alle unsinnigen Erscheinungen unseres Lebens und die unsinnigsten ganz besonders lassen sich nämlich begründen." Es entstehen die häufig einander widersprechenden Theorien, Spekulationen, Deutungen und Diskussionen, in die sich die Künstler noch zusätzlich „durch eine fast unerträgliche Geschwätzigkeit" einmischen, weil sie immerfort zu erzählen wissen, „teils von ihren philosophischen

Überlegungen, mit denen sie sich, da sie auf körperliche Anstrengung völlig verzichtet haben, fortwährend beschäftigen können, teils von den Beobachtungen, die sie von ihrem erhöhten Standort aus machen". Da aber die Kunst auf das Geheimnis des Lebens abzielt, bleibt sie im Grunde selbst ein Geheimnis, das letztlich nur erlebt und geahnt werden kann. In einem Aphorismus heißt es: „Unsere Kunst ist ein von der Wahrheit Geblendet-Sein." (H 46) Alles Gerede darüber ist immer eine „Verletzung der Schweigepflicht". Dadurch wird jedoch ihr Verhältnis zur Wissenschaft zwiespältig. Ohne einwandfreie Tatsachen, die weder zu überprüfen noch genau zu erfassen sind, versagt das wissenschaftliche Denken, sieht sich einem undurchdringlichen „Lotterleben" gegenüber, dem es daher folgerichtig mangelnde „Geisteskraft" vorwirft. Kunst ist einfach unwissenschaftlich. „Ihre Beiträge sind wertlos und lästig" für die Wissenschaft und werden von ihr abschätzig als „jämmerliche Hilfsquellen" belächelt. Trotzdem beschäftigt man sich weiter mit ihr, hebt ihre Bedeutung hervor, erklärt, deutet, begründet und bleibt dann zuletzt dennoch ohnmächtig. Die Wissenschaft ist nicht der Weg, der zur Kunst führt. Ihre Macht, aber noch mehr ihre Ohnmacht und ihr Scheitern hat Kafka in einem Aphorismus festgehalten:

„Von außen wird man die Welt mit Theorien immer siegreich eindrücken und gleich mit in die Grube fallen, aber nur von innen sich und sie still und wahr erhalten." (H 74)

Für Kafka bedeutet die Kunst wie die Wahrheit „eine Angelegenheit der ganzen Persönlichkeit" (J 30). Sie ist „eine Angelegenheit des Herzens" (J 91), nicht des Verstandes. Deshalb verlangt er, ihre „Lebensberechtigung" nicht länger wissenschaftlich begründen zu wollen, sondern einfach zu dulden. Lufthunde sind „ein schönes Fell" und bedürfen des Alleinseins, das Kafka in seinen Tagebüchern immer wieder als seine eigentliche Kraftquelle beschwört. „Das Alleinsein hat eine Kraft über mich, die nie versagt. Mein Inneres löst sich ... und ist bereit, Tieferes hervorzulassen" (T 34); oder: „Was ich geleistet habe, ist nur ein Erfolg des Alleinseins" (T 311). Um seiner Kunst willen muß sich der Künstler aus dem gewöhnlichen Alltag der vielen zurückziehen und wählt freiwillig „dieses öde Leben dort auf den Kissen", das ihm Entbehrungen abverlangt, aber auch tiefe Einsichten schenkt. Seine Einmaligkeit entzieht sich dem denkenden Verstand ebenso wie seine Herkunft. Es „ist nicht denkbar", daß Künstler sich als Künstler natürlich fortpflanzen, trotzdem zeigt die Wirklichkeit, „daß es doch immer wieder neue Lufthunde gibt ..., daß, mögen auch die Hindernisse unserem Verstande unüberwindbar scheinen, eine einmal vorhandene Hundeart, sei sie auch noch so sonderbar, nicht ausstirbt". Es zählt zweifellos zu den Geheimnissen des Lebens, daß die Menschheit zu allen Zeiten Künstler hervorbringt, die für ihre Zeitgenossen häufig überflüssig und sinnlos sind, dem Geist der Zeit aber schöpferisch Ausdruck verleihen und in ihren Werken alle anderen gerade dadurch überleben.

Musikerhunde und Lufthunde haben etwas von dem tieferen „allgemeinen Hundewesen" offenbart, an dem jeder teilhat und das trotzdem jeden „sonderbar" und einmalig in seinem Aussehen erscheinen läßt. Ihr Beispiel lehrt, daß „sie sogar aus dem Nichts immer wieder neuen Nachwuchs holen", und gibt auch dem Durchschnittshund aus dem gewöhnlichen „Mittelstand" die „Zuversicht... nicht verloren" zu sein. Das scheinbare Nichts ist demnach in Wirklichkeit die Quelle des Geistes und die Kunst ein Beweis für die Teilhabe an seiner Dauerhaftigkeit. Während jedoch die Künstler „scheinbar ruhig..., in Wirklichkeit aber sehr aufgeregt" ihre Verwobenheit mit diesem Geheimnis in angestrengtem Schweigen genießen, fühlt sich der erwachte Geist des gewöhnlichen Menschen zunächst davon bedrückt. Er sucht in seiner Wißbegier nach

Antworten und Hilfen, „um dieses Leben zu ertragen". Das ist die Ursache seiner vielen Fragen, die in der Jugend alle miteinander verbinden, aber auch verwirren; denn die verborgene Absicht „der richtigen Fragen" wird häufig verwischt durch die Fülle der falschen, der belanglosen, ablenkenden, einschläfernden und irreführenden. Im Alter herrscht dagegen wieder das Schweigen derjenigen, die nicht mehr fragen, aber auch nicht antworten. Umgeben von seinen vielen Mitmenschen, bleibt der Einzelne in seinem tiefsten Wesen dennoch allein. „Wo sind... meine Artgenossen? Ja, das ist die Klage, das ist sie eben. Wo sind sie? Überall und nirgends."

Selbst am Beispiel seines klugen und gebildeten Nachbarn wird dem Erzähler klar, daß trotz aller Sehnsucht nach einem Artgenossen oft schon bloße Äußerlichkeiten wie der nachschleppende Fuß und das viel zu niedrige Hinterteil genügen, um eine ernsthafte Beziehung zu verhindern. Die Bedürfnisse und Gefahren des gewöhnlichen Alltags beanspruchen bereits soviel Geist, um das einfache „Leben zu fristen", daß Unterhaltungen zwischen Nachbarn über örtliche und zeitliche Unmittelbarkeiten nicht wesentlich hinausgelangen. Technik und Wissenschaft bringen zwar Erleichterungen und verhelfen zu „Regeln", die jedoch nicht dazu ausreichen, um jemand erklären zu lassen, „daß er für die Dauer irgendwo eingerichtet ist und daß sein Leben nun gewissermaßen von selbst verläuft". Nicht einmal die Verringerung seiner Bedürfnisse enthebt den Menschen seiner endlosen, täglichen Mühen, und die bohrende Frage nach ihrem Zweck verstummt zuletzt „im Schweigen" und in der Vereinsamung. Nach diesem bedrückenden Ergebnis muß die Frage nach dem Erfolg und dem viel gerühmten, „allgemeinen Fortschritt" der Menschheit neu überdacht werden.

Kafka ist der Überzeugung, daß Fortschritt „wohl hauptsächlich den Fortschritt der Wissenschaft" bedeutet, während die Menschheit in dieser Entwicklung nur altert, verfällt, dem „Tod sich nähert". Die heutigen Menschen sind dadurch „im Wesen" nicht schlechter geworden als „frühere Generationen", aber sie haben die Kraft und Einfalt der Jugend verloren, in der es noch möglich schien, Antworten zu geben und Lösungen anzubieten. Damals hätte „das wahre Wort", an das alle glaubten, „noch eingreifen ... können", um das Ordnungsgefüge zu retten, das geschlossene Weltbild, das heute aufgelöst ist und durch kein neues ersetzt werden konnte. (EE 144 ff.) Das grenzenlos erweiterte Wissen überfordert das Gedächtnis, „die Last der Jahrhunderte" läßt die Antworten verstummen. Der moderne Mensch ist älter, bedrückter, hoffnungsärmer und verzweifelter geworden. „Unsere Generation ist vielleicht verloren, aber sie ist unschuldiger als die damalige", weiß der Erzähler, „das Zögern meiner Generation . . . ist das Vergessen eines vor tausend Nächten geträumten und tausendmal vergessenen Traumes, wer will uns gerade wegen des tausendsten Vergessens zürnen?" Fast mit dem Ausdruck der Erleichterung gegenüber den Sünden der ersten Menschen fügt er hinzu: „Wohl uns, daß nicht wir es waren, die die Schuld auf uns laden mußten, daß wir vielmehr in einer schon von anderen verfinsterten Welt in fast schuldlosem Schweigen dem Tode zueilen dürfen." Am Anfang der Menschheit begann mit dem Sündenfall „ein endloses Irren" durch die Lügen der irdischen Welt. Weil zunächst die Rückbindung an das Paradies noch nahe lag und eine Rückkehr in den Vorstellungen leicht schien, erlagen die Menschen auch unbekümmerter den Verlockungen und Verführungen und „irrten . . . weiter". Sie entfernten sich fast unmerklich immer mehr von „dem Ausgangspunkt" und „wußten nicht, was wir bei Betrachtung des Geschichtsverlaufes ahnen können, daß die Seele sich früher wandelt als das Leben". Die zwangsläufig alt gewordene Seele aber lehrt „das Stillewerden und Wenigerwerden der Stimmen der Welt" (H 74), wie es in einem Aphorismus heißt, und ein anderer besagt: „Die Freuden dieses Lebens sind nicht die seinen, sondern unsere Angst vor dem Aufsteigen in ein höheres Leben; die Qualen dieses Lebens sind nicht die seinen, sondern unsere Selbstqual wegen jener Angst." (H 51) Die letzte Generation der Menschen weist in dieser Angst auf die unumgängliche Notwendigkeit des Todes als noch verbleibender, einziger Hoffnung hin, dessen dunkler Ungewißheit wir „in fast schuldlosem Schweigen ... zueilen dürfen."

Obwohl nur der Tod noch eine letzte Hoffnungsmöglichkeit schwach aufleuchten läßt und alle sich der Todesnähe bewußt sind, wäre es sinnlos, mit dem alten Nachbarn, dessen Fell ebenfalls „schon einen Anhauch jenes Geruches hat, den abgezogene Felle haben", über diese „Dinge ... zu reden". Mehr als eine bedeutungslose, oberflächliche Zustimmung wäre kaum zu erwarten. Vielleicht daß eine wortlose, „tiefere Übereinstimmung" dennoch vorhanden sein könnte, aber bedeutete sie nicht lediglich den unausgesprochenen, gemeinsamen Mißerfolg? „Man darf niemanden betrügen", schreibt Kafka einmal, „auch nicht die Welt um ihren Sieg" (H 44). Das notwendige Scheitern aller offenbart nur bei allen denselben Zwiespalt, schafft Verwirrung und führt zuletzt zu dem Ergebnis, daß „durch das Dunkel der Zeiten oder das Gedränge der Gegenwart" von außen keine Hilfe mehr kommt. Nachdem aber die Hoffnung auf die anderen als trügerisch durchschaut wurde, bleibt zum Schluß nur noch das Alleinsein mit sich und seiner Innenwelt. Der müde und einsam gewordene Hund beschließt, den Rest seines Lebens ausschließlich für seine „Forschungen zu verwenden" und beginnt mit einer kritischen Untersuchung der Wissenschaft selbst.

Die Wissenschaft erfreut sich wegen ihrer nützlichen und nachvollziehbaren Wirkung des allgemeinen Beifalls, und dieser Beifall einer breiten Öffentlichkeit ist manchem Wissenschaftler in seiner Eitelkeit mitunter „sogar wichtiger als" seine „Arbeit". Aber die Wissenschaft richtet ihren Blick immer nur auf Tatsachen, auf die Erde, also nach unten. Hier findet sie allerdings auch ein umfangreiches und unerschöpfliches Betätigungsfeld. Infolgedessen strebt sie „zu grenzenloser Spezialisierung", und „die Kreise, welche die Wissenschaft zieht, werden immer größer". Doch wer zu den seltenen Ausnahmen zählt, die „sich nur ein wenig Unbefangenheit gegenüber der Wissenschaft bewahrt" haben, wird ihre Hinwendung an Einzelheiten und ihren ausschließlichen Diesseitsbezug für „eine merkwürdige Vereinfachung", für eine bedrückende, geistige Verarmung halten. Ihre Lehre, „daß in der Hauptsache die Erde unsere Nahrung hervorbringt", ist eine leicht zu durchschauende, einseitige Halbwahrheit, bei der unberücksichtigt bleibt, „daß der Hauptteil der Nahrung ... von oben herabkommt". Weil diese Erkenntnis jedoch zu den natürlichen Bedingungen des Menschen zählt, besagt sie „noch nichts gegen die Wissenschaft", obwohl hier meistens die praktische Regel gilt und genügt: „Hast du den Fraß im Maul, so hast du für diesmal alle Fragen gelöst." In dieser etwas plumpen Vordergründigkeit wird häufig verdrängt, daß auch die Wissenschaft im Grunde um die „Zweiteilung" der „Nahrungsbeschaffung" weiß, aber sich nur verhüllt und am Rande mit der „Ergänzungs-Verfeinerungs-Arbeit in Form von Spruch, Tanz und Gesang" beschäftigt. Dieser wissenschaftlichen Verkümmerung widersprechen jedoch die Tradition und das in ihr verwurzelte Volk. „Hier scheint das Volk die Wissenschaft richtigzustellen, ohne es zu wissen und ohne daß die Wissenschaft sich zu wehren wagt", verdreht es einfach ihre einseitige Ausrichtung auf die Erde, den Blick nach unten: „Und nun das Merkwürdige, das Volk richtet sich mit allen seinen Zeremonien in die Höhe."

Das Volk verlangt mehr als die Wissenschaft. In seiner ungestümen, unmittelbaren Leidenschaft verblüfft es die scheinbaren, wissenschaftlichen Besserwisser, indem es „die Zaubersprüche aufwärts ruft, unsere alten Volksgesänge in die Lüfte klagt und Sprungtänze aufführt, als ob es sich, den Boden vergessend, für immer emporschwingen wollte". In der Seele des Volkes widerspiegelt sich das Wesen des Menschen, seine Auszeichnung und seine Sehnsucht reiner als in der rationalen Verengung der Wissenschaft.

Alle Experimente, die das Ausbleiben der Nahrung durch ein einseitiges Verhalten, sei es „ganz ohne Bodenbearbeitung" oder „durch ausschließliche Boden-Zeremonie", beweisen sollen, scheitern. Ohne tätige und sinnvolle Mitwirkung bleibt das Ergebnis bei der Nahrung von oben „stumpf-gleichgültig", in dem anderen Fall stellt der Erzähler in zweideutigem Humor fest, daß „wenigstens eine gewisse Bodenbearbeitung immer nötig" ist, „da die Bodenbesprengung unter einem Drang geschieht und sich in gewissen Grenzen gar nicht vermeiden läßt". Es ist charakteristisch für den Menschen, daß er immer gleichzeitig an beide Bereiche gebunden und beiden verpflichtet ist. Allerdings erlebt er „in vereinzelten Fällen... etwas eigentlich Wunderbares": Nicht der Hungrige sucht die Nahrung von oben, sondern diese verfolgt ihn „in der Luft". Dem Boden und seinen Gesetzmäßigkeiten für „eine kurze Strecke" entrückt, findet er ein Glück, das selbst noch in den Augen der Umstehenden „irgendein Hilfe suchendes Leuchten" erzeugt, „möchte es auch nur der Widerschein meiner eigenen Blicke sein, ich wollte nichts anderes, ich war zufrieden". Der Mensch ist in bestimmten Augenblicken zu Erlebnissen fähig, die ihn allem Irdischen zu entheben scheinen. Er erreicht einen Schwebezustand, der ihm plötzlich für kurze Zeit den Blick für das Ganze öffnet, eine „scheinbare Freisprechung" (P 184), wie Kafka das gleiche Ereignis in seinem Roman „Der Prozeß" nennt. In einem Aphorismus beschreibt er diese Berührung des Überzeitlichen im Zeitlichen noch deutlicher: „Theoretisch gibt es eine vollkommene Glücksmöglichkeit: An das Unzerstörbare in sich glauben und nicht zu ihm streben." (H 47) Auf die Dauer scheitert aber dieser glückhafte Zustand „wegen der Schwierigkeit der Selbstbeherrschung" an den Bedingtheiten des irdischen Daseins.

Daß ein derartiges, wunderbares Erlebnis wissenschaftlich nicht erfaßt werden kann und deshalb einfach für bedeutungslos erklärt wird, verletzt den Betroffenen so sehr, daß er sich dadurch „zu der vielleicht größten Leistung" seines Lebens aufgerufen fühlt. Statt „der wissenschaftlichen Entwertung" verlangt er gerade die Aufwertung dieser Glücksmöglichkeit zum „Mittelpunkt der Forschung". Denn „nicht der Boden", die Erde, sondern nur der Mensch vermag „die Nahrung von oben" zu sich herabzuziehen. Um zu beweisen, daß sie „ohne sich um den Boden zu kümmern", an sein „Gebiß klopfen würde, um eingelassen zu werden", will er auf irdische Nahrung verzichten und „völlig fasten". Als Mensch „in voller Kraft und Gesundheit" und mit prächtigem Appetit unterwirft er sich entschlossen – weltabgewandt und zurückgezogen, jede fremde Hilfe ablehnend und nur tief in sich selbst versunken, – einem freiwilligen Fasten. Damit will er die Auszeichnung des Menschen, seine Freiheit und seine Teilhabe an einem höheren, geistigen Sein aufzeigen und zugleich das Volk in seinem unmittelbaren Glauben bestätigen, aber der Wissenschaft ihre nur auf das Irdische beschränkte Unzulänglichkeit vorwerfen.

Hungern und Wachen entsprechen einander, wenn es darum geht, „das Herabkommen der Nahrung" zu erwarten. Beides gefährdet aber auch „den üblichen Verlauf der Dinge". Aber dieser Rückzug aus dem Alltäglichen und Gewöhnlichen verschafft andererseits gerade die kraftvolle Ruhe, die das Aufbrechen des Ungewöhnlichen ermöglicht. Infolgedessen besteht die „merkwürdige Wirkung des ersten Hungers" in „Träumereien", die eine phantastische Erfüllung aller Erwartungen verheißen. „Mit dem Ernsterwerden des Hungers" verflüchtigen sich jedoch diese „schönen Bilder", der Hunger wird zur Qual. Leben und Hunger verschmelzen in ihrer natürlichen Spannung in ein „höchst schmerzlich Eines". Weil aber das ständige Hungern letztlich gegen das Leben gerichtet ist, entsteht das Leiden, das ebenso schwer zu ertragen wie zu begreifen ist. In diese verzweifelte Zerreißprobe gerät der Mensch, wenn er sein irdisches Dasein auf ein höheres Leben ausrichtet. „Durch das Hungern geht der Weg, das Höchste ist nur der höchsten Leistung erreichbar, wenn es erreichbar ist, und diese höchste Leistung ist bei uns freiwilliges Hungern." Das Hungern ist eine Absage an das irdische Leben und dadurch zugleich der Ausdruck einer metaphysischen Sehnsucht. „Man muß das Leben wegwerfen, um es zu gewinnen", sagt Kafka zu Janouch, „so wird das Leid zum Zauber und der Tod — der ist nur ein Bestandteil des süßen Lebens" (J 115; 108). In sein Tagebuch schreibt er: „Metaphysisches Bedürfnis ist nur Todesbedürfnis." (T 275) Diese Erkenntnis begleitet das ganze Leben.

Durch den Sündenfall erhielten „unsere Urväter" das „Wissen ... aus Quellen, die wir nicht mehr kennen". Aber durch diesen Sündenfall haben sie auch „das Hundeleben verschuldet" und ihm Bahnen gesetzmäßiger Notwendigkeit aufgezwungen. Die alles entscheidende lautet: Wer vom Baume der Erkenntnis ißt, muß sterben. Dieses Gesetz ist seither jedem erkennenden Menschen auferlegt, und er kann sich ihm nur beugen. Aber „durch die Gesetzeslücken" schwärmt er aus und überläßt sich ungezwungen seinen phantasievollen Erwägungen, folgerichtigen Gedankenspielen und umsichtigen Erörterungen weiser Dispute. Hinsichtlich des Hungerns und des dadurch bedrohten irdischen Lebens enden diese angestrengten Bemühungen jedoch alle in zunehmenden Verboten, am Schluß steht „also ein dreifaches Verbot statt des üblichen einen". Doch trotz aller dieser scheinbar sinnvollen und begründeten Steuerungen des Lebens, gibt es eine unwiderstehliche „Verlockung", diese Verbote zu mißachten und „den Schmerz" auszuhalten, der zugleich unglaubliche Einsichten ermöglicht: „Die während meines bisherigen Lebens schlafende Welt schien durch mein Hungern erwacht zu sein, ... die freigelassen lärmende Welt" scheint ihr Geheimnis preiszugeben, ein Geheimnis, das sich allerdings auch im Innern des hungernden Menschen offenbart, hier sogar noch deutlicher als im Lärm der erwachten Welt. Innen und außen entsprechen einander, ein geistiger „Taumel" ergreift die „Natur", wie in einem Rausch riecht der Hungernde die erlesensten Speisen, „Freuden meiner Kindheit; ja ich roch den Duft der Brüste meiner Mutter". Die alles umfassenden Sinnesfreuden sind jedoch nur ein taumelnd erfaßtes Wunschbild, das an der irdischen Wirklichkeit zerbricht. Dem Höhenflug der Hoffnungen folgt der Absturz ins Leere. „Die letzten Hoffnungen schwanden . . . Hier war nur ein hilflos ins Leere schnappender Hund." Die Hoffnung verwandelt sich in die Angst vor der Verlassenheit, der Gleichgültigkeit, der Leere, dem Nichts. Er hatte zwar die Verlassenheit gesucht, „aber nicht um hier so zu enden, sondern um zur Wahrheit hinüber zu kommen, aus dieser Welt der Lüge, wo sich niemand findet, von dem man Wahrheit erfahren kann, auch von mir nicht, eingeborenem Bürger der Lüge". Trotz dieser Verzweiflung und der Furcht vor dem eigenen Versagen und einem sinnlosen Tod läßt sich ein letzter Rest an Hoffnung nie ganz unterdrücken. „Vielleicht war die Wahrheit nicht allzuweit", und es bleibt möglich, „in der dunklen Leere einen Ort zu finden, wo der Strahl des Lichts, ohne daß dies vorher zu erkennen gewesen wäre, kräftig aufgefangen werden kann" (H 104).

Tatsächlich war die scheinbar hoffnungslose Verzweiflung nur ein Schwächeanfall des in seiner Angst nervös gewordenen Hundes. Das Erwachen aus der Ohnmacht wird dagegen zum Ausdruck neuer Kraft und Hoffnung. „Ich fühlte keinen Hunger, ich war sehr kräftig, in den Gelenken federte es". Hungernd hatte er Blut, die natürliche Kraft seines Lebens, erbrochen, um „mehr" zu sehen „als sonst". Der geheimnisvolle, fremde Hund wird für ihn jetzt wirklich zum Künder einer Botschaft. Erstmals erhält er Antworten auf seine Fragen. In sorgenvoller und liebender Anteilnahme drängt ihn dieser Bote fortzugehen: „Du kannst gehen. Eben weil du schwach zu sein scheinst, bitte ich dich, daß du jetzt langsam fortgehst", und um ihm die damit angedeutete Möglichkeit als seine eigentliche Auszeichnung aufzuzeigen, fügt er noch hinzu: „Du bist wunderbar." Umgekehrt erkennt nun auch der Erwachte mit seinen „durch das Hungern geschärften Sinnen, ... dieser Hund hat allerdings die Macht dich fortzutreiben". Ihm wird bewußt, daß der ihm liebend verbundene Jäger ihn zu seinem Vorteil notwendig vertreiben muß und ihm „selbstverständliche, natürliche Dinge" in ihrem verborgenen Hintergrund, in ihrer Gesetzmäßigkeit und ihrem Sinn enthüllt. Dadurch mit neuem Leben erfüllt, „Leben wie es der

Schrecken gibt", vernimmt er den Gesang „aus der Tiefe der Brust" des Boten, die einmalige, persönliche Botschaft, die ihn „eilig in unendlicher Angst und Scham das Gesicht in der Blutlache" seines eigenen Blutes versenken läßt.

„Schmutz und Blut" seines Lebens werden überwunden durch eine „Melodie", die der Hund im Schweigen der Vollkommenheit schon singt, „ohne es noch zu wissen". Es ist eine Melodie, die offenbar aus dem Paradies vor dem Sündenfall stammt und „nach eigenem Gesetz durch die Lüfte" schwebt und demjenigen persönlich gilt, der ihr todesbereit entgegenhungert.

Das außerordentlich Erlebte erfüllt den Menschen mit einer „Großartigkeit", die ihm zugleich zeigt, „wie weit bei völligem Außer-sich-sein wir gelangen können". Der einmal über seine natürliche Begrenztheit hinausgekommene Mensch erfährt eine einzigartige, übernatürliche Erhellung, die von nun an unverlöschlich, richtungweisend und bestimmend in sein gesamtes irdisches Dasein hineinwirkt. Er hat nämlich die unwiderstehliche Melodie gehört, die alle Grenzen und das menschliche Fassungsvermögen sprengt. Sie ist wie „der fürchterliche Klang ... dieser Stimme" (M 40), mit der die Propheten gerufen, überwältigt und ausgezeichnet werden, wie Kafka einmal an Milena schreibt, einer „Stimme, vor deren Erhabenheit der Wald" und alles Natürliche verstummen. „Das Stillewerden und Wenigerwerden der Stimmen der Welt" (H 74), lautet – wie erwähnt – eine Eintragung im dritten Oktavheft; sie sind die Voraussetzung für eine Erhebung des Geistes. Und wie die Propheten in gehirnzerreißender Angst zugleich einen höheren Zusammenhang im Dasein zu ahnen vermögen, so wirft der durch diese Botschaft ausgezeichnete Geist zitternd alle Erdenschwere von sich und fliegt, „von der Melodie gejagt, in den herrlichsten Sprüngen dahin". Daß derart tiefe, persönliche Erlebnisse und geistige Erschütterungen „unter gewöhnlichen Umständen", also oberflächlich und von außen als körperliche Schwäche, schwere Krankheit oder Überreiztheit mißverstanden und in ihrer richtungweisenden Bedeutung sogar geleugnet werden können und „nicht mitteilbar" sind, nimmt ihnen nichts von ihrer nachhaltigen Wirkung. Das Natürliche mündet schnell wieder in das Alltägliche ein, dem Geistigen sind dagegen das Außerordentliche und das prägend Dauerhafte vorbehalten: „Körperlich erholte ich mich übrigens in wenigen Stunden, geistig trage ich noch heute die Folgen." Das wird auch bis an das Ende seines Lebens so bleiben.

Es entspricht der Entwicklung des Menschen,

daß er das bahnbrechende Schlüsselerlebnis seiner Kindheit, die Begegnung mit den sieben Musikerhunden, im reiferen Alter vertieft. Die Ausdehnung seiner Arbeit von „der Nahrungswissenschaft" auf die „Musikwissenschaft" macht seine Forschungen nicht nur umfassender, sondern steigert auch ihre Ansprüche; denn es geht nicht mehr ausschließlich um praktische Nutzanwendungen, sondern um geistige Begründungen und ihre Einordnung in höhere Sinnzusammenhänge. Der höhere Anspruch verschafft dann zwar einerseits „Respekt", aber schließt auch andererseits „die Menge" von dem unmittelbaren Verständnis aus. Der Kreis der Auserwählten setzt nämlich voraus, daß man des Rufes der „Stimme im Wald" würdig ist. „Denn die Stimme hören viele," schreibt Kafka wiederum an Milena, „aber ob sie ihrer wert sind, ist auch objektiv noch sehr fraglich" (M 41). Kafka bekennt sich zweifellos zum richtungweisenden Geistesadel des Menschen, der sich notwendig „vornehm gegen die Menge" abschließen muß, weil er sein Leben als Aufgabe und Auftrag, als Steigerung und Höherentwicklung erkannt und auf sich genommen hat. Gleichzeitig aber wird er für alle anderen dadurch zum Vorbild und Wegweiser.

Die einzigartige Musik, die sowohl unwiderstehlich anzieht als auch furchterregend abstößt, ergreift und erschüttert den Menschen in seinem tiefsten Wesen. Sie ist aber im Grunde nur das äußere Zeichen für das verschwiegene Geheimnis seines Lebens, ein Geheimnis, in dem jedes menschliche Leben gründet und das alle Menschen durch ihren Geist zu den ausgezeichneten Geschöpfen Gottes macht. Wer einmal wie in der alles entscheidenden Begegnung „mit den Musikhunden... ihr verschwiegenes Hundewesen" erlebt hat, ahnt dieses Wesen als die verborgene Bestimmung ihres Lebens von diesem Augenblick an „in allen Hunden überall". Es ist „das wahre menschliche Wesen..., das nicht anders als geliebt werden kann, vorausgesetzt, daß man ihm ebenbürtig ist" (H 46). Um in es einzudringen, bleiben die praktischen „Forschungen über die Nahrung" einfach zu vordergründig. „Ein Grenzgebiet... ist die Lehre von dem die Nahrung herabrufenden Gesang." Aber auch ihre leidenschaftslosen, wissenschaftlichen Beobachtungen und Systematisierungen genügen allenfalls, um den gelehrten Wissenschaftlern das selbstgefällige Gefühl eines umfassenden Gedächtnisses, überlegener Denkkraft, folgerichtiger Zielstrebigkeit und abgerundeter, wissenschaftlicher Bildung zu geben. Alle diese in der Gesellschaft hoch angesehenen Eigenschaften reichen jedoch bei weitem nicht aus, um das wahre menschliche Wesen in seiner liebenswerten Tiefe zu berühren. Dazu scheint sich viel eher ein einfacher „Instinkt und wahrlich kein schlechter Instinkt" zu eignen, der – ein wenig spöttisch übertrieben – gerade die wichtigtuerischen, „wissenschaftlichen Fähigkeiten zerstört". Wenn aber jemand „in den gewöhnlichen täglichen Lebensdingen ... einen erträglichen Verstand" zeigt und sogar „die Gelehrten sehr gut" versteht, obwohl diese ihn umgekehrt in ihrer Überheblichkeit und scheinbaren Überlegenheit verachten, können ihm die Voraussetzungen für eine wissenschaftliche Tätigkeit eigentlich nicht fehlen. Wenn er sie trotzdem vernachlässigt, liegt das an dem Ungenügen, das für ihn die praktische Wissenschaft der Gelehrten bedeutet. Sie bleibt ihm im allgemeinen zu vordergründig, zu diesseitig, zu unwesentlich. Deshalb bekennt er sich lieber zu dem tiefgründigen Instinkt, der ihn „vielleicht gerade um der Wissenschaft willen, aber einer anderen Wissenschaft als sie heute ausgeübt wird, einer allerletzten Wissenschaft, die Freiheit höher schätzen ließ als alles andere".

Seine Freiheit bedeutet für den Menschen die Einbindung in ein Sinnganzes. Seine Freiheit verlangt von ihm die Entscheidungen, die ihn als Persönlichkeit prägen. Sie gehorcht der geheimnisvollen, inneren Stimme, die ihm Ausrichtung und Ziel verheißt. Trotz aller irdischen Fesseln, die er zwar in ihrer Notwendigkeit erkennen, aber nicht abschütteln kann, ist ihm bewußt, daß er „alle Möglichkeiten" (H 46 f.) hat, weil er als Mensch sinnvoll geschaffen wurde. Deshalb weigert er „sich sogar, das Ganze auf einen Fehler bei der ersten Fesselung zurückzuführen" (H 47). Kafkas Bekenntnis zur Freiheit des Menschen wurzelt in seiner tiefen, persönlichen Überzeugung von seinem eigenen Auftrag im Sinngefüge der Schöpfung und ist ein Appell an jeden Einzelnen, sich dieser Aufgabe ebenfalls würdig zu erweisen.